古代文化常识

Knowledge General Of Ancient Chinese culture

张崇琛

——著

敦煌文艺出版社

图书在版编目（ＣＩＰ）数据

古代文化常识 / 张崇琛著. -- 兰州 ： 敦煌文艺出版社，2022.3（2023.8 重印）

ISBN 978-7-5468-2137-5

Ⅰ．①古…Ⅱ．①张…Ⅲ．①中华文化—通俗读物Ⅳ．①K 203-49

中国版本图书馆CIP数据核字（2021）第 280473 号

古代文化常识

张崇琛 著

责任编辑：赵 静

装帧设计：马吉庆

封扉题字：张克锋

敦煌文艺出版社出版、发行

地址： （730030）曹家巷 1 号新闻出版大厦

邮箱：dunhuangwenyi1958@163.com

0931-2131373（编辑部）

0931-2131387（发行部）

三河市明华印务有限公司印刷

开本 787 毫米 ×1092 毫米 1/16　印张 16.5　插页 2　字数 230 千

2022 年 5 月第 1 版　2023 年 8 月第 2 次印刷

印数 3 001 ～ 20 000

ISBN 978-7-5468-2137-5

定价：48.00 元

前言

这是一本介绍中国古代文化基本知识的书。

文化是一个民族的根脉和灵魂。文化的复兴可以改变一个民族的命运，而文化的中断和缺失则会导致一个民族的灭亡。当年顾炎武就曾有过"亡国"与"亡天下"之辨，而所谓"亡天下"，即是民族文化传统的灭亡。故"保天下者，匹夫之贱与有责焉耳矣"（见《日知录》卷十三"正始"条）。时至今日，世界许多著名文化，如古埃及文化、罗马文化、希腊文化、玛雅文化、印度文化都中断了，唯有中华文化延续至今，不曾间断。这是值得国人自豪，同时也应深以为戒的。须知，文化的自觉与自信是事关国运兴衰和民族精神独立性的大问题，也只有唤起国人的文化自觉和文化自信，才会有道路和制度的自信。因此，联系到一段时期以来，有些人尤其是年轻一代对本民族文化的陌生和疏离，则继承和弘扬中华优秀传统文化便是迫在眉睫的事了。

"人能弘道，非道弘人"（《论语·卫灵公》）。中华传统文化是博大精深的，也是源远流长的。而要切实继承和弘扬这一文化，就必须先要懂得这一文化的主要内容。当今学术界对于中国传统文化的论述，虽然所取的角度各不相同，涉及的方面林林总总，但归纳起来，实不外理念与知识两个层面。

从理念层面来说，天人和谐与人际关系的和谐，应是中国传统文化的基本精神。当然，由这一基本精神出发，又派生出若干思想和观念来。如道法自然的原则，环境保护的思想，整体性的思维方式，忧患意识，与人为善的态度，慎独精神，"天下兴亡、匹夫有责"的爱国主义思想，自强不息的进取精神，厚德载物的博大胸怀，"杀身成仁，舍生取义"的高尚气节，"富贵不能淫，贫贱不能移，威武不能屈"的大丈夫品格，以及孝悌、仁义、诚信、礼让等优秀的道德品质，都是对中华优秀传统文化的学理性概括，而这些理念直到今天仍不失其重要价值。

从知识层面来说，文化最首要的是一种生活方式，也可以说是一种活法。不同文化的民族，其生活方式是不一样的。这种生活方式，除了衣、食、住、行等方式外，还包括婚、丧、嫁、娶及各种生活习俗和礼仪。甚至连人的举手投足也能显示出不同的文化修养。这些，对于已在传统文化中浸润过的人们来说，应是习以为常的了。常见一些不识字的农民，他们遵循二十四节气以从事农业生产劳动的做法，他们以谷物为主的饮食习惯，他们孝悌品德的养成，他们在操办婚事和丧事时所恪守的"六礼"和"五服"制度，以及他们在人际交往礼仪中所持的自卑而尊人的态度，都与中国传统文化的精神若合符契。犹记不佞少年时喜欢掏鸟与摸鱼，而乡中长老见之必制止曰："春天是万物生长的季节，不能伤害生灵。"长大后读《礼记•月令》，见其中果然有孟春"母覆巢，毋杀孩虫"的话。《论语•述而》中也有孔子"钓而不纲，弋不射宿"的记载。这些乡人虽不曾读过《礼记》和《论语》，对这些道理却是懂得的。

顾炎武在《日知录》卷三十"天文"条中曾经说过这样一段话：

三代以上，人人皆知天文。"七月流火"，农夫之辞也；"三星在天"，妇人之语也；"月离于毕"，戍卒之作也；"龙尾伏晨"，儿童之谣也。后世文人学士，有问之而茫然不知者矣。

这不由得会令人想起某大学校长在欢迎贵宾时所讲的那句"七月流火，但充满热情的岂止是天气"的话来。其实何止是不懂天文知识，而不懂者又何止是某大学校长！君不见一些被奉为"名家"者，或将"六官"中的"宗伯"释为老先生，或将"致仕"释为获得官职；有的电视剧中或称别人的父亲为"你家父"，或称别人的丈夫为"你外子"，某电视剧中甚至称孔子为"野种"（误解了司马迁所说的"野合"之义）。凡此，皆与"七月流火"般"热情"的"佳句"有着异曲同工之"妙"。至于一些青年学生对中国古代文化知识的了解如何，则更是可想而知了。

其实，中国传统文化的理念与知识两个层面，是互相依存并互相补充的。理念固然可以提升知识的高度，而有些看起来很具体、很局部的行为，也已蕴含了很丰富的文化精神。如乡饮酒礼所蕴含的尊老、敬贤、淳俗宗旨，射礼所蕴含的严于律己、"进退周还必中礼"（《礼记•射义》）的德行修养，以及饮酒之"和"与饮茶之"清"，都是可以充分彰显中国传统文化精神的。中国古代的会客礼仪中有一个很不起眼的细节，那就是"有后入者，阖而勿遂"（《礼记•曲礼上》）。什么意思呢？遂，尽也。这是说最后一个进门的客人不要把门关死，只需轻轻合上即可，以示不拒绝后面的来客。小小一个动作，便表示出中国人的好客习俗及和平友好的精神。

对古代文化知识的掌握，不但可以完善自身的知识结构，提高人们的文化修养，对于阅读古书也有一定的帮助。人们常感阅读古代文献困难，而这种困难除了字句难懂外，也有来自对古代文化知识"茫然不知"的原因。例如李白《蜀道难》中有"扪参历井仰胁息"一句，其所谓"参"与"井"，便是指与蜀地（益州）和秦地（雍州）相对应的参宿与井宿。诗人不直接说自己由秦入蜀，而说自己是从井宿旁经过，又伸手摸到了参宿，这便极大地增添了诗歌的浪漫情趣。但对于不懂天文知识的人来说，则只会感到莫名其妙。又如李密《陈情表》所说的"外无期功强近之亲，内五尺应门之童"，其所谓"期"，即服一年丧者，指伯叔、兄弟；其所谓"功"，即"大功""小功"，指从兄弟、再从兄弟。合而言之，作者不过意在说明自己连一个亲人都没有了。倘不懂古代的"五服"制度，也就不知道作者所说的是怎么一回事了。近来，教育界有人在倡导语文教学改革，而所谓"大语文"，尤其是被加重分量后的古代文学教学，实际也是在向着古代文化的方面延伸。

最后来谈谈本书的写作缘起。首先应该感谢读者杂志社副社长潘萍女士。2019年的五六月间，她正担任《读者·校园版》的主编。大概是有感于青年学生的需要吧，遂决定在杂志上开设一个叫"常识"的栏目，着重介绍一些中国古代文化方面的知识，并请我担任专栏作者。一来是盛情难却，二来是我与她的想法也正相吻合，所以就愉快地答应下来。于是，从2019年第15期开始，就有了长达30余期的连载，并受到了广大读者的欢迎。此后，我又陆续增写了一些篇章，组合起来，便成了今日呈现给广大读者的《古代文化常识》一书。现在敦煌文艺出版社要出版此书，值此付梓之际，我再作两点说明：

一是中国古代文化方面的知识实在太丰富了，而我所选的50个颙目，虽于中国古代文化的一些主要领域都涉及了，但仍然只是其中的一部分。换言之，本书只是作为了解中国古代文化知识乃至弘扬中华优秀传统文化的一本入门书而已，读者自可在此基础上再去做进一步的扩充和深入。

二是在弘扬中华优秀传统文化的问题上，我向来反对"戏说"，更讨厌"恶搞"。我主张言必有据，所以在有关的引文及论述上都注出了所据的文献。这样一来，虽然在行文的语气上不能一泻而下，但也省却了读者的翻检之劳。敬请广大读者谅解。

张崇琛

2021年11月3日

目录

戌篇　儒学

亥篇　节日

子篇　天文、历法

话说"七曜"

古人云:"观乎天文,以察时变;观乎人文,以化成天下。"(《周易·贲卦·象传》)而古人最早观察到的天文现象,莫过于日、月及金、木、水、火、土五星了,故古人将这七颗天体称为"七曜"或"七政"。在西方,与之相对应的则是有关星期的命名,如星期天为日曜日,星期一为月曜日等。

"七曜"中最重要的是"日"。古人"日出而作,日入而息",所以"日"与人类的生活休戚相关。中国从夏代起就设立了占日之官,名曰羲和。甲骨文中已有太阳黑子及日食的记载。甲骨文中的"日"写作"☉",其中间的一点便指太阳黑子。《诗经·小雅·十月之交》中还记载:"十月之交,朔日辛卯。日有食之……"这是发生在周幽王六年十月初一即公元前776年9月6日的一次日食。值得注意的是,中国古代对"日"的认识并不是一成不变的,曾出现过由"十日并出"到"十日代出"的神话。据《淮南子·本经训》记载,尧之时十个太阳一齐跑了出来,晒得草木庄稼都枯焦了,野兽也到处为害,而民无所食。于是后羿射去了九日，人民才得以安定下来。这是上古时代的人们对天气炎热原因的一种推测（上古确实有一段时期天气炎热并暴发了洪水，于是后世便有了"后羿射日"和"鲧禹治水"的神话），当然也不排除其实际天象的依据。如20世纪80年代在西安和新疆阿勒泰地区上空都曾出现过"五日并悬"的现象，1934年1月在西安上空还出现过七个太阳。古代也有过类似的现象，古人无法解释，便将它与天气炎热联系在一起了。继"十日并出"之后是"十日代出"。《楚辞·招魂》说"十日代出，流金铄石些"。《山海经·海外东经》中说："汤谷上有扶桑，十日所浴，在黑齿北，居水中。有大木，九日居下枝，一日居上枝。"《山海经·大荒东经》也记载："汤谷上有扶木，一日方至，一日方出。"意思是说，十个太阳都居住在扶桑树上，它们不是一齐出来，而是依次而行，一天一个，轮流值日。此虽仍带有明显的神话色彩，却成为中国古代"天干"概念的由来。古人以十日为一旬，并给每天的太阳取了一个不同的名字，这便是甲、乙、丙、丁、戊、己、庚、辛、壬、癸十个天干了。

"月"又称月亮或太阴，是肉眼可见的、亮度仅次于太阳的天体。一提起月亮，人们便会想到"嫦娥奔月"的传说，中国发射的月球探测器也以"嫦娥"命名。其说最早见于西汉时期的著作《淮南子·览冥训》，唐人徐坚修撰的类书《初学记·卷一》说："《淮南子》曰：羿请不死之药于西王母，羿妻姮娥窃之奔月，托身于月，是为蟾蜍，而为月精。"姮娥即嫦娥（避汉文帝刘恒讳）。因为嫦娥有"偷窃"行为，所以古人便让她入月后化为蟾蜍。但蟾蜍的形象实在太丑陋了，故自晋代以后，蟾蜍又变成了玉兔，唐代开始又让月中生桂，吴刚伐之。而嫦娥也已独立，成为月宫中一位与玉兔和吴刚为邻的美丽而寂寞的女子。与"十日"神话相似，《山海经·大荒西经》中也有月神常仪（又作常羲）生十二月之说，也是每夜出来一个，于是后人便分别给它们取名子、丑、寅、卯、辰、巳、午、未、申、酉、戌、亥，这便是十二地支的由来。实际上月亮只有一个，是地球的卫星，它本身也不能发光，靠反射太阳的光以照亮地球的夜空。而随着人类登上月球，今天的人们对月球已不再感到神秘了。

金星是肉眼可见的仅次于日、月的第三颗最亮的天体。因其光色银白，亮度很强，故又称明星、太白。《诗经·郑风·女曰鸡鸣》"子兴视夜，明星有烂"，《诗经·陈风·东门之杨》"昏以为期，明星煌煌"，说的皆是金星。又因为此星黎明时分见于东方，黄昏时分见于西方，故又称"启明""长庚"。《诗经·小雅·大东》所说的"东有启明，西有长庚"，便是指金星。

木星古名岁星，或简称"岁"。此星约12年（实为11.8622年）公转一周，故在战国时期曾被用来纪年，即所谓的"岁星纪年法"。其大致的方法是将木星所行经的星空区域划为十二分，各命以名，人们便根据木星每年所处的位置来确定年份。木星的体积很大，约是地球的1321倍。1995年彗星与木星相撞，在木星上留下的痕迹足有地球那么大。

水星一名辰星，是太阳系八大行星中体积最小而又距离太阳最近的一颗行星。由于离太阳近，所以其光芒常被阳光所淹没，只有在日出前50分钟或日落后50分钟才能清楚地观察到。因此，先秦典籍中谈到天象时所说的"水"，并不是指行星中的水星，而是恒星中的定星（即营室）。古人认为，黄昏时定星见于正南，便是筑墙建屋的最好时机了。如《左传·庄公二十九年》"凡土功……水昏正而栽（筑墙立板）"，《诗经·鄘风·定之方中》"定之方中，作于楚宫"以及《国语·周语》"营室之中，土功其始"，说的皆是定星。

火星古名荧惑，因其隐现不定，令人迷惑故也。《史记·天官书》中的"火犯守角""荧惑失行"以及《论衡·变虚》中的"荧惑守心"，皆指火星。但在许多情况下，古代文献中的"火"却是指恒星中的"大火"，亦即心宿。如《诗经·七月》之"七月流火"，其中的"火"即指大火星，此星在夏历的六月黄昏时分出现在天空正南，位置最高，七月份就开始偏西了。故"七月流火"的意思是说：自七月份开始，随着大火星的西移，天气已开始转凉了。

土星古名镇星或填星，约28年（实为29.457年）公转一周，似每年在镇守或填充二十八宿中的一宿，故而得名。《史记·天官书》所说的"太岁在甲寅，镇星在东壁"以及"历斗之会以定填星之位"，都是指土星。土星的大小仅次于木星，且有一圈美丽的光环围绕，是很容易识别的。

以上是对"七曜"的简单介绍。了解一下"七曜"，不但可以增长古代天文学的知识，对提高古书阅读能力也是很有帮助的。

谈谈二十八宿

读古典小说，常见某英雄人物是天上星宿下凡的描写，而说得最多的便是二十八宿。于是，在民间传说中，二十八宿被蒙上了一层神秘的色彩。

其实，二十八宿一点也不神秘。古人经过长期的观察，把黄道（古人想象的太阳一年在天空中移动一圈的轨道）附近的恒星分成二十八组，并以此为坐标来观察星体的运行，这就是二十八宿。换言之，二十八宿即二十八个星区，是将黄道附近的一周天按自西向东的方向所划分的二十八个不等分的星空区域。

中国古代很早就有二十八宿的记载。而记载二十八宿最完整的，当推秦代的《吕氏春秋》及成书于西汉的《淮南子》。1978年在湖北隋县发掘的战国早期墓葬曾侯乙墓中，有一个漆箱盖子，盖上以"斗"字为中心，两端绘有苍龙、白虎的形象，周围便有一圈完整的二十八宿的古代名称。可见，至晚在公元前5世纪，二十八宿就已经形成了。

二十八宿可分为四组星，其排列次序是：

东方七宿　　　角亢氐房心尾箕

北方七宿　　　斗牛女虚危室壁

西方七宿　　　奎娄胃昴毕觜参

南方七宿　　　井鬼柳星张翼轸

而每一方的七宿又被古人想象成四种不同动物的形象，即"四象"，这就是东方苍龙，北方玄武（龟蛇）、西方白虎、南方朱雀。这与古代西方把某些星座想象为动物的形象（如大熊、狮子、金牛、天蝎等）也颇为相似。"四象"确立后，后世的人们便常用苍龙、玄武、白虎、朱雀来标志或指代东、北、西、南四个方向，如唐代长安的南大街被命名为朱雀大街，北京故宫的北门被命名为玄武门即是。

至于二十八宿，在古代更得到了广泛的应用。首先，它可以用来表示"七曜"运行的位置。由于二十八宿都是恒星，而古人又认为恒星的位置是永久不变的，所以便常用二十八宿来表示日月和五星所处的位置。如孔安国《尚书正义·卷十二·洪范第六》所谓"月经于箕"，即言月亮行经于箕宿；王充《论衡·变虚》所谓"荧惑守心"，即言火星居于心宿的位置；邹阳《狱中上梁王书》所谓"太白食昴"，即言金星遮蔽了昴宿；苏轼《前赤壁赋》所谓"月出于东山之上，徘徊于斗牛之间"，即言月亮在斗宿和牛宿之间徘徊。其次，二十八宿中的有些星宿也被古人用来测定岁时季节。如《夏小正》言"五月初昏大火中"便是。古人经观测得知，初昏时大火星（即心宿）在正南便是夏季五月。

此外，二十八宿中的有些星宿，由于星象奇特，也常被古代文学作品所描述，并赋予其特殊的含义。如《左传·昭公元年》所记载的"参""心"二宿的传说便是一例。由于参宿居西，心宿居东，出没两不见，所以古人便用参、商（即心宿）来比喻兄弟失和或亲朋久不相见。如杜甫《赠卫八处士》之"人生不相见，动如参与商"，便是讲亲朋不能相见。而柳宿中的酒旗三星，因为其形状像酒旗，也常被古人用作反对禁酒的说辞。如三国时曹操禁酒，孔融便在上书中称"酒之为德久矣……天垂酒星之耀，地列酒泉之郡，人著旨酒之德"。唐代的李白也在《月下独酌》（其二）中吟道："天若不爱酒，酒星不在天。地若不爱酒，地应无酒泉。天地既爱酒，饮酒不愧天。"

顺便说一下北斗，西方把它称为大熊座。在中国，北斗虽然不属于二十八宿（北方七宿中的斗宿是指南斗），却是一组非常引人注目的星。它由七颗星组成，形似古代舀酒之斗，故名。其中组成斗身的四颗星依次是天枢、天璇、天玑、天权，组成斗柄的三颗星依次是玉衡、开

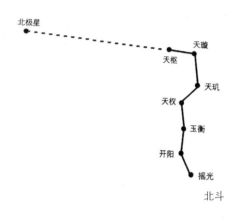

北斗

阳、摇光。古人常用北斗来辨别方向和季节。把天璇、天枢连成一线，再延长五倍的距离便是北极星的所在，而北极星便是北方的标志。又，初昏时，斗柄在不同的季节所指的方向也有所不同，据此可以辨别季节。如斗柄指东，天下皆春；斗柄指南，天下皆夏；斗柄指西，天下皆秋；斗柄指北，天下皆冬。杜甫《赠王二十四侍郎契》："一别星桥夜，三移斗柄春。"其所谓"三移斗柄春"，即言过了三年。

与二十八宿相联系，古人还把黄道附近的一周天按照由西向东的方向分为十二等分，谓之十二次，其名称依次是：星纪、玄枵、娵訾、降娄、大梁、实沈、鹑首、鹑火、鹑尾、寿星、大火、析木。而每一次都有二十八宿中的某些星宿作为标志。这与外国古代所划分的"黄道十二宫"也颇有相似之处。十二次的用途，一是用来指示一年四季太阳所处的位置，以说明节气的变换，如太阳在星纪中交冬至，

太阳在玄枵中交大寒等；二是用来说明岁星（木星）每年运行所处的位置，并据以进行岁星纪年，如某年"岁在星纪"，某年"岁在玄枵"等。《离骚》中屈原自述生年所说的"摄提"（太岁年名摄提格的省称），即相当于十二次中的"析木"。

古代星象家还把天上的星宿与地上的区域相联系，让它们互相对应，即《史记·天官书》所说的"天则有列宿，地则有州域"，这便是分野。如《汉书·地理志》云"齐地，虚、危之分野也""鲁地，奎、娄之分野也""楚地，翼、轸之分野也"即是。分野的建立，在古代主要是用于占卜，即通过观察天象以卜有关地区的吉凶祸福。但作为一种天文与地理相联系的观念，在古代文学作品中也常常被提及。如王勃《滕王阁序》所说的"星分翼轸"，即指滕王阁所在的洪州属翼、轸二星的分野。李白《蜀道难》所说的"扪参历井"，即指与蜀地（益州）和秦地（雍州）相对应的参宿与井宿。诗人不直接说自己由秦入蜀，而说从井宿旁经过，又伸手摸到了参宿，真是浪漫极了。

中国古代历法中的日、月、年

日、月、年是世界各种历法的基本组成部分，也是中国古代历法最重要的时间概念。中国古代历法就是建立在对这三种时间概念进行界定的基础上。

先说日。古人把第一次太阳出来到第二次太阳出来定为一日，即以一昼夜交替的周期为一日。由于太阳的升落在不同的季节会有时间上的不同，所以古人大都以夜半子时作为实际上一日的开端。《尚书·洪范》："一曰岁，二曰月，三曰日。"唐孔颖达《疏》曰："从夜半以至明日夜半，周十二辰为一日。"一天之内，又以清晨为"旦"，晚上为"夕"，黎明为"明"，中午为"日中"，黄昏为"昏"。

古人还认为天有十日（即所谓"十日并出"或"十日代出"），故又以十日为一旬。《说文》："旬，遍也，十日为旬。"段玉裁《说文解字注》："日之数十，自甲至癸为一遍。"中国自殷代开始即已称十日为一旬。甲骨文中不但有"旬"字，还有"今日""今夕"等词，并称一旬之内的未来日为"翌"，一旬以外的未来日为"来",过去的日为"昔"。唐宋时又有所谓"旬休",即官员每十天休息一天(汉代官员五日一休),称为"休沐"。如王勃《滕王阁序》"十旬休暇,胜友如云"、元稹《五弦弹》"旬休节假暂归来"(《长庆集》二四)、《宋史·丁度传》"二府三司虽旬休,不废务",都提到"旬休"。

再说月。古人以月相变化的周期为一月。这一周期约29.53日,即29天12小时44分3秒。最早以新月初现作为一月的开始,这一天叫作朏(每月的初三)。再后又以日、月合朔即月亮运行到地球与太阳之间的朔日为一月的开始,并规定每月的初一叫朔,初三叫朏,最后一天(大月三十日、小月二十九日)叫晦。如《诗经·小雅·十月之交》:"十月之交,朔日辛卯。"便是说辛卯这一天是十月的第一天。《左传·襄公十八年》:"(十月)丙寅晦,齐师夜遁。"便是说丙寅这一天为十月的最后一天。而每月之中,大月的十六、小月的小五又称"望"。《尔雅·释天》:"望,月满之名也。月大十六日,小十五日,日在东,月在西,遥相望也。"这一规定,后世一直沿用。如鲍照《玩月城西门廨中》:"三五二八时,千里与君同。"所谓"三五""二八",即指望日。"望"后一日称"既望",如《尚书·召诰》"惟二月既望",苏轼《前赤壁赋》"壬戌之秋,七月既望",皆用此义。

又,西周文献中还常出现描述月相的"霸"字,有时也写作"魄"。如《尚书·康诰》:"惟三月哉生魄,周公初基,作新大邑于东国洛。"一般释"魄"为朏,即初三日月始生貌。此外,西周文献中还常见有"初吉""既生霸""既望""既死霸"等名称,王国维先生认为这是将一月分为四个时段,即四分月相(见其《生霸死霸考》),其说可从。

古人还将一年中的十二个月与十二时辰相对应,即以夏历的正月为寅月,二月为卯月，三月为辰月，四月为巳月，五月为午月，六月为未月，七月为申月，八月为酉月，九月为戌月，十月为亥月，十一月为子月，十二月为丑月。其说源自十二地支，并为月建的"三正"提供了依据。后世有些民俗现象也与此相关联。如农历五月五日被称作"端午"，即与五月是午月有关。

最后来说说年。"年"的概念最初是由谷物成熟的物候而形成的。《说文》："年，谷熟也。从禾、千声。"《尔雅·释天》："夏曰岁，商曰祀，周曰年。"宋邢昺《疏》："年者，禾熟之名，每岁一熟，故以为岁名。"谷物成熟的周期（第一次成熟到第二次成熟）即意味着寒来暑往的周期，也就是地球绕太阳一周的时间，现代叫作太阳年。后来，随着历法的制定，人们便习惯称今年的正月初一到明年的正月初一之间的一段时间为年。

但值得注意的是，年虽始于正月初一，但各个时期对正月初一的确定却并不是一致的。古时改朝换代，新王朝为表示"应天承运"，常要重定正朔。"正"谓年始，"朔"谓月始。这样便形成了最早的夏历、殷历和周历。而这些历法的主要区别便是岁首的月建不同，即所谓"三正"。夏历是以建寅之月作为岁首，今天农村仍然在使用的农历即夏历。殷历以建丑之月即夏历的十二月为岁首，周历以建子之月即夏历的十一月为岁首。明乎此，在阅读古书时，其中的一些历法问题便会迎刃而解。如《春秋·成公八年》记："二月无冰。"晋杜预注："周二月，今之十二月也，而无冰，书冬温。"腊月无冰，气候是不正常的，故《春秋》书之。假如不知道《春秋》所用的是周历，便不能理解该月气候的反常。又如《孟子·梁惠王上》："七八月之间旱，则苗槁矣。"用的也是周历。周历七八月当夏历五六月，正是禾苗需要雨水的时候，故不雨足以成旱灾。

秦统一中国后，又规定以建亥之月（即夏历十月）为岁首，实行所谓的颛顼历，汉初仍之。直到汉武帝太初元年（公元104年），始改用由落下闳、邓平等人制定的"太初历"，复以建寅之月为岁首。此后约两千年间，除王莽和魏明帝（曹睿）时一度改用殷历，武则天和唐肃宗时一度改用周历外，所用的一般都是夏历。

最后还要说明的一点是，除"年"的概念外，古代还有"岁"（有时称"期"）的概念，这两者是不同的。"岁"是指今年的某一节气到明年的某一节气之间的一段时间。由于二十四节气是地球绕太阳公转轨道上的二十四个不同的位置，它们是不变的（故节气的时间可以精确到秒），所以"岁"实际上就是回归年。这与年的时间（含闰月的时间）显然是不一致的。经过长期观测，到南宋时，中国人已确知"岁"的周期是365.2425日，也就是365天5时48分46秒，与今天的计算完全相同。

阴历、阳历、阴阳历

常听人说中国传统的历法是阴历，并称春节为阴历年。其实，这样的说法是不够准确的。

目前，世界各民族所使用的历法，大致可以分为阴历、阳历、阴阳合历三种，而中国传统的历法则属于阴阳合历。

所谓阴历之"阴"，即太阴（月亮）。凡以朔望月（即月亮的圆缺）为标准的历法称阴历。因为月相变化的周期在29天至30天之间，这样，一年12个月中，便要置6个大月，每月各30天；6个小月，每月各29天。全年总共354天。但这个日数明显少于一个太阳年的时间，即365.2425天。所以，阴历的"年"要较太阳年提前，而且每年的起止时间也不是固定的。今天还在实行这种历法的有回历。回族每年过"年"的日子都要较前一年提前一些日子，就是这个道理。

阳历之"阳"即太阳。凡以地球绕太阳一周的时间即回归年为标准的历法称阳历。阳历与月亮的盈亏（即朔望月）无关，只是根据回归年的时间来分配一年12

个月中每个月的天数，设7个大月，每月31天；4个小月，每月30天；另外规定二月为28天。这样，每年总共365天。但回归年的实际天数是365.2425天，每年还有将近0.25天没有安排，所以阳历每隔4年要增加1天，加在二月，称为闰年。今天世界各国所普遍实行的历法即公历，便是阳历。

所谓阴阳历，是既考虑月相变化，又考虑回归年的时间，兼顾了阴历和阳历的一种历法。中国古代的历法（即所谓农历或夏历）以及今天的藏历和傣历都是阴阳历。

阴阳历每年12个月，6大6小，共354天，这一点同于阴历。至于它与回归年相差的11.25天，则靠闰月来解决。最初是3年闰1个月，稍后改为5年再闰，最后便规定19年7闰。19个回归年相当于235个朔望月，除去19年间按每年12个月所安排的228个月外，恰余7个月可以作为闰月。如下列公式所示：

365.2425日×19年÷ 29.53日（朔望月时间）

　=6939.6075日÷ 29.53日

　=235.0019471（朔望月）

　235月-228月= 7月

这样便基本消除了误差（已精确到小数点后3位），并一直沿用至今。至于一年中应在哪一个月置闰，则与二十四节气中的"中气"相联系。

所谓"节气"，是中国特有的，是我国古代劳动人民从农业生产的实际需要出发，根据季节更替与气候变化的规律，将一周岁（即一个回归年）所划分成的若干反映四季、气温、降雨、物候等方面变化的标志。最早出现的是"二分"（即春分、秋分）和"二至"（即夏至、冬至），后来逐步完善。现行二十四节气的全部名称始见于西汉初年的著作《淮南子·天文训》。西汉末年刘歆改称"太初历"为

"三统历"，遂将二十四节气正式订入历法。这二十四节气的名称和顺序是：

正月	立春	雨水	二月	惊蛰	春分
三月	清明	谷雨	四月	立夏	小满
五月	芒种	夏至	六月	小暑	大暑
七月	立秋	处暑	八月	白露	秋分
九月	寒露	霜降	十月	立冬	小雪
十一月	大雪	冬至	十二月	小寒	大寒

后人为了便于记忆，又将其编为歌诀：

春雨惊春清谷天，夏满芒夏暑相连。

秋处露秋寒霜降，冬雪雪冬小大寒。

值得注意的是，上表所列二十四节气与夏历月份的配搭仅是就一般情况而言，实际上它们并非固定一致的。因为二十四节气是表示地球在围绕太阳公转的轨道上的二十四个不同的位置，所以节气与朔望月无关，而与回归年密切相关。又由于一个回归年的时间是365.2425日，这样二十四节气中的每一个节气的平均时间便大约是15.22天。再考虑到地球绕太阳公转的轨道是一个椭圆形，所以冬至前后的间隔时间要少于平均日数（14日多），夏至前后节气的间隔时间则要多于平均日数（16日多）。这样一来，节气与阳历的搭配时间倒是大体固定了，即上半年多在每月的6日、21日前后交节气，而下半年则多在每月的8日、23日交节气。

倘再细分，节气又可以分为"节气"与"中气"两种。二十四节气中，自立春开始，单数为"节"，双数为"中"。由于一个节气加一个中气差不多是30.5天，大于一个朔望月的时间（29.53天），所以每月的节气和中气总要比上一个朔望月推迟一至两天。当推迟至某个月只有节气而没有中气的时候，便在这个月置闰。换言之，假如这个月是七月，那么便不能称七月，只能称之为"闰六月"了。

如2017年的闰六月便是如此。请看2017年的节气表（时间为夏历）：

节气	时间	中气	时间
芒种	五月十一日	夏至	五月二十七日
小暑	六月十四日	大暑	六月二十九日
立秋	闰六月十六日 （七月十六日）	处暑	七月二日 （八月二日）
白露	七月十七日	秋分	八月四日
寒露	八月十九日	霜降	九月四日

如不置闰，则立秋为七月十六日，处暑为八月二日，夏历的七月便没有中气了。置闰后，立秋成为闰六月十六日，处暑为七月二日，则七月便有了中气。也正因为如此，闰月这个月份遂不再有中气，故古人云"闰月无中气"。

以此类推，我们还可以推算出下一个闰月的年份和月份，即2020年的闰四月。请看下表：

节气	时间	中气	时间
立夏	四月十三日	小满	四月二十八日
芒种	闰四月十四日 （五月十四日）	夏至	五月一日 （六月一日）
小暑	五月十六日	大暑	六月二日
立秋	六月十八日	处暑	七月四日

上一个中气小满为四月二十八日，按正常情况，下一个中气夏至便推到六月一日了。因为夏历五月无中气，所以便在夏历五月置闰，五月就不能再称为五月，而

称为闰四月了。

同样的排比方法，我们又可以推算出2023年的闰二月。该年的节气清明是三月十五日，中气谷雨则是四月一日了，三月无中气，故以三月为闰二月。

简言之，阴历、阳历的差异在于其着眼点即朔望月抑或回归年之不同，而阴阳历则是既考虑到朔望月，又考虑到回归年。阴阳历一方面避免了阴历过年时间的不固定性，一方面又解除了每月十五见不到圆月的苦恼。这是中华文明智慧的高度体现。

新年的钟声应当何时响起

每年的央视春节晚会进行到夜半，都会安排敲钟的节目。而随着悠扬的钟声响起，新的一年（农历年）便开始了。但钟声究竟应当何时响起，是有不同意见的。有人认为，既然夜半23时已进入了子时，钟声便应当从23时响起。这样的看法对不对呢？我们不妨先从古代的纪时法说起。

先看一天之内的纪时法。古人最早是根据天色以及一日两餐的时间，将一昼夜分为若干时间段的。如日出时曰旦、早、朝、晨，日入时曰夕、暮、昏、晚，太阳正中曰日中，将近日中曰隅中（"隅"谓东南隅，过隅未中，故曰"隅中"），太阳偏西曰昃等等。又，古人一日两餐的时间，朝食（又称饔）在日出之后，隅中之前，这段时间便叫食时；夕食（又称飧）在日昃之后，日入之前，这段时间则叫晡（餔）时。日入以后是黄昏，黄昏以后是人定，人定以后是夜半，夜半以后的两段时间则先后是鸡鸣和昧旦（昧爽）。

但这样划分，在不同的季节和气候条件下，其实际所指的时间往往会有早晚的不同。如夏季日出早、日入晚，冬季则日出晚、日入早。晴天和阴天时也会有差异。于是，古人又使用十二地支来表示十二个时辰，而每个时辰等于现代的两个小时（现代的一小时即一个小时辰之义）。后来又将每个时辰细分为"初"和"正"，即前面一小时的开始为初，后面一小时的开始为正。现将古代的两种纪时法与现代的纪时法列表加以对照：

时段		夜半	鸡鸣	昧旦	日出	食时	隅中	日中	日昃	晡时	日入	黄昏	人定
时辰		子	丑	寅	卯	辰	巳	午	未	申	酉	戌	亥
小时	初	23	1	3	5	7	9	11	13	15	17	19	21
	正	24	2	4	6	8	10	12	14	16	18	20	22

可以看出，子时之初在23点，而子时之正则在24点。那么，新年的钟声应从何时响起呢？显然应在"正"点的24时了。

不仅如此，通过古今纪时法的对照，我们还可以加深对日常生活以及古书中有关问题的理解。例如，懂得了"日出"即卯时，也就是早晨5点至7点间，便会明白古人为何于卯时上朝，而民间又为何至今尚称上班报到为"点卯"了。又如《尚书·无逸》记周文王"自朝至于日中、昃，不遑暇食"，便是说周文王从早晨一直到中午再到太阳偏西，一直没工夫吃饭。日中即午时，日昃即未时，分别相当于现在的11点至13点和13点至15点。周文王从早上一直忙到下午3点还顾不上吃早饭，也真是够辛苦的了。再如《诗经·郑风·女曰鸡鸣》："女曰鸡鸣，士曰昧旦。"这是新婚夫妇起床前的一段对话。其所谓"鸡鸣"即丑时，亦即子夜1点至3点间；所谓"昧旦"即寅时，亦即凌晨3点至5点。又如《孔雀东南飞》记刘兰芝投水的时间："菴菴黄昏后，寂寂人定初。""黄昏"为傍晚7点至9点，"人定"为夜间9点至11点。而"人定初"即夜间9点，这便是刘兰芝"举身赴清池"的时间了。

除一天之内的纪时法外，古代还有一种特殊的纪日法，即干支纪日。古人将十天干与十二地支依次组合为六十甲子（从甲子、乙丑至壬戌、癸亥），让每个单位代表一天，周而复始，这便是干支纪日法。殷墟的甲骨文中已开始使用干支纪日了。至春秋时期，干支纪日更加普遍。如《左传·僖公二十四年》的一段文字，所用的便是干支纪日法：

（二十四年）二月甲午，晋师军于庐柳。……辛丑，狐偃及秦、晋之大夫盟于郇。壬寅，公子入于晋师。丙午，入于曲沃。丁未，朝于武宫。戊申，使杀怀公于高梁。

后人根据有关的年历对照表，经逆推得知，鲁僖公二十四年二月甲午即公元前636年的夏历十二月四日，辛丑即十二月十一日，壬寅即十二月十二日，丙午即十二月十六日，丁未即十二月十七日，戊申即十二月十八日。

至于纪月与纪年，古代也有一些不同于后世的做法。古人纪月除用序数即一、二、三、四等表示外，先秦时期，每个月还有一个特定的名称。如正月为陬（zōu），二月为如，三月为寎（bǐng），四月为余，五月为皋，六月为且（jū），七月为相，八月为壮，九月为玄，十月为阳，十一月为辜，十二月为涂。但这些名称，除个别月份外（如称十月为阳或小阳春），后世一般都不用了。后世（尤其是文人）常用的纪月法是以节序指代月份，如以孟春指正月，仲春指二月，暮春（或季春）指三月等。像王羲之《兰亭集序》"岁在癸丑，暮春之初"以及王勃《滕王阁序》"时维九月，序属三秋（季秋）"，便都是以节序纪月。

中国古代的纪年法则经历了一个漫长的过程，其方法也有种种。最早是按王公即位的年次纪年，如周宣王元年（公元前827年）、周平王元年（公元前770年）、鲁隐公元年（公元前722年）等，皆以元、二、三、四的序数递记，直到旧君出位为止。再后是以岁星和太岁纪年，主要盛行于战国。岁星纪年已见前述。因为岁星（即木星）的运行方向是自西向东，古人颇不习惯，于是又设想出一个假的岁星，称之为太岁（见《汉书·天文志》），让它与真岁星背道而驰，也是每年运行于十二辰中的一个方位，这便是太岁纪年。可见，所谓"太岁"，实际上是没有的东西。

秦汉统一之后，自汉武帝开始，又以年号纪年。所谓年号，是封建帝王为纪在位之年而定的一种名号。早期的帝王，年号往往非止一个，如汉武帝就用过建元、元光等十一种年号。到了明、清，一个皇帝一般便只有一种年号了，如人们所熟悉的明太祖朱元璋年号洪武，清圣祖玄烨年号康熙等。东汉以后，又将干支纪日用于干支纪年。自东汉章帝元和二年（公元85年）由朝廷颁布命令在全国实行干支纪年以来，六十甲子纪年周而复始，至今未曾中断。1912年中华民国成立，明令实行公元纪年，以阳历1月1日为元旦，以夏历正月一日为春节。但在民间，干支纪年仍在流行，如2019年称为己亥年，2020年称为庚子年，2021年称为辛丑年。

丑篇　行政区划与职官

中国古代的行政区划

　　中国古代的行政区划酝酿、萌芽于春秋战国时期。夏、商、西周尚没有完善的地方行政制度，当时的"方国""诸侯国"都是独立国家，与王朝之间也仅是松散的臣属关系。只有到了春秋时期，一些诸侯国在新开拓的疆土上不再进行分封，而改由君主直接统治，并在这些地区设置"县"和"郡"，中国最早的行政区划单位才产生了。

　　"县"即古"悬"字，距离遥远之义。由于新开拓的疆土远离国都，悬于诸侯采邑之外，故以"县"命名。最早设县者是秦国。《史记·秦本纪》云："武公十年，伐邽、冀戎，初县之。"秦武公十年即公元前688年，此即为秦设县之始，亦即中国历史上有关"县"这一行政区划的最早记载。秦武公所设置的邽县又称上邽，在今甘肃省天水市；冀县在今甘肃省甘谷县。这两处便成为中国历史上最早设县之地。到了春秋后期，诸侯设县日益增多。迨至战国，列国设县已十分普遍。

　　"郡"的设置最早也始于秦。《国语·晋语二》记晋公子夷吾对秦公子挚说：

"君实有郡县。"讲这话的时间是鲁僖公九年（公元前651年），可见春秋前期，秦已置"郡"了。而到了战国，郡不但设置增多，且普遍都大于县了。这些郡大都设于边地，主要出于军事防卫的需要。此后，中国的行政区划又经历了秦汉的郡县制、魏晋南北朝隋的州郡县制、唐宋的道路制、元明清的省制，遂日臻完善。

公元前221年，秦始皇统一中国，开始分全国为三十六郡。此后陆续又有增置，至秦末，已有近四十郡。这些郡管辖着全国一千多个县，每郡管十几个或二三十个县。汉承秦制，仍实行郡县制，只是朝廷把有些郡分封给诸侯王，称为王国。王国的官吏即相或太傅，由王朝直接派遣。如贾谊曾任长沙王太傅，张衡曾出为河间相。故国与郡在行政制度上无甚区别。只是王国的赋税收入归诸侯王自己享用，而郡的赋税收入归朝廷而已。至西汉后期，全国有郡、国103个，领县1500余个。

汉武帝时期，为了便于监察，又将全国一百多个郡分为十三个"刺史部"，将首都附近的七郡称为"司隶校尉部"。但由于这些刺史部的名称多采用《禹贡》的州名，所以被当时的人们习惯地称为"十三州"。刺史部最初只有监察功能，还不是行政区划。到了汉灵帝中平五年（公元188年），为了镇压黄巾起义，才改刺史为州牧，州遂由监察区变为行政区，成为郡、国之上的一级机构。这种州、郡、县的制度到三国时便被固定下来，并一直延续了约四百年。

三国时，魏有十二州，吴有四州，蜀只有一州（益州）。三国合计，共有州17个，郡167个，县1206个。可见，一州之地在三国时代，其范围是相当大的。正因为如此，孙权欲得荆州，刘备便说："须得凉州，当以荆州相与。"

西晋仍实行州、郡、县三级制，当时全国有州21个，郡、国173个，县1232个。但到了东晋十六国时期，州的数量开始增多，而州的辖地则逐步缩小。到南北朝末期，州的数量猛增到三百多个，郡也达六百多个，平均每州只辖二郡，每郡只辖二三县而已。至此，三级制已没有多大意义，于是导致了隋文帝开皇三年（公元583年）的"罢天下郡"，实行以州领县的二级制。

唐朝建立后，中央政府对直接管辖全国二三百个州感到困难，于是，唐太宗便于贞观元年（公元627年）将全国划分为十道，至唐玄宗开元二十年（公元733年）又改划为十五道，共统府、州328个，县1573个，同时在各道置采访处置史，其职权相当于汉武帝时的刺史。至此，道遂成为固定的监察区。"安史之乱"后，又有了以掌兵权的节度使为地方行政长官的制度。节度使原为边地军事长官，唐玄宗开元、天宝间，仅有节度使十个。但后来，这种制度被滥用于内地，至唐肃宗时，节度使已猛增至四十四个，而且每一节度使都可管数州，其辖区也都叫"道"。于是，这种"道"实际上已成为州以上的一级行政单位了。

北宋建立后，宋太祖、太宗实行中央集权，取消了节度使，让各州直接归属中央。但中央还是无法统管全国的州，所以又在州上设"路"。宋太宗至道三年（公元997年），始定天下为十五路，至徽宗时增至二十四路。宋室南渡后，便只有十六路了。宋代的"路"不归一个机构、一个长官管辖，而分属于转运使（掌财赋）、提点刑狱（管司法）、安抚使（管兵政）等。每个机构只在他们所管的业务范围内举劾地方官，不能越权。所以宋代的"路"始终未能成为一级行政机构，只是介乎行政区与监察区之间的一种区划。

中国的行省制始于元代。"省"本是官署的名称，到了元世祖时，一方面将尚书省并为中书省，以总揽朝政；一方面又在各地设立若干"行中书省"，作为中书省在外地的代理机构，其长官也成为地方官吏。这样，"省"便由中央机构的名称变成了地方政府的称呼。元代分全国为一个中书省直辖区和十个行中书省，其省以下的行政区划略同于宋（即路、府州、县制）。

明洪武九年（公元1376年），朱元璋取消行省制，以承宣布政使司为最大的行政区划，由布政使总一省之行政大权。但因为布政使司实际上同于行省，故人们仍习惯称省。明朝设十三布政使司，再加上两京（北直隶与南直隶），共十五省。

清初沿袭明制，也设十五布政使司，只是改北直隶为直隶，南直隶为江南布政使司而已。康熙六年（公元1667年）始改布政使司为行省，并分江南布政使司为江苏、安徽二省，将陕西分为陕西、甘肃二省，湖广分为湖北、湖南二省，即所谓的"内地十八省"。十八省之外，边疆地区不设省。东北设奉天、吉林、黑龙江三个将军辖区，新疆由伊犁将军统辖，内蒙古采用盟（府）、旗（县）制，西藏、青海设办事大臣。这样的区划设置从康熙初到光绪前基本没有变化。光绪十年（公元1884年）置新疆省，光绪十三年（公元1887年）改福建省台湾府为台湾省，光绪三十三年（公元1907年）改东北三将军辖区为奉天、吉林、黑龙江三省，加上原有十八省，便成为二十三省，此外尚有内蒙古、西藏、青海等。

到了民国，北洋政府又设热河、察哈尔、绥远、川边四个特别区域，国民党政府又将这四个特别区域连同宁夏、青海建为六省。再加上西藏等，即为三十一个省级单位。

宰相之官的由来与演变

在中国古代社会中，宰相可谓是"一人之下，万人之上"的职官了。而它的产生与演变，也与中国古代的政治制度密切相关。

原始社会是没有官制的。那时的氏族和部落首领仅为"社会公仆"，还算不上是"官"。职官的设置是随着国家的产生而出现的。一般认为，中国的职官始自夏代。

夏代，在国王的周围，权力最大的要算"史"，也称作"巫"。他们是神权的体现者，负责把"上帝"的意志传达给国君，也将人们的意愿转达给神。但严格地讲，这些人还只是一批宗教工作者，他们的职务继承也主要是通过世袭，而非任命。商的中央职官较夏朝要系统和全面一些。除负责宗教事务的巫、史外，还出现了负责政务的"尹"和"宰"等。例如伊尹就曾担任过商汤的辅弼之官——"尹"（又称阿衡、保衡）。"宰"原为奴隶主贵族的家务总管（最早由负责宰牲的厨师发展而来），后也参与一些政事。但总的来看，夏商时期去古未远，氏族社会遗风犹存，虽出现了某些职官，但巫、史的影响还是比较大的。

夏、商重鬼神，而周代重人事。所以到了周代，巫史的地位便大大下降，而担任中央政府最高职务的则是太师、太傅、太保，合称"三公"。他们辅佐周王，统领百官，执掌朝政，成为周王朝的中枢职官。"三公"的职责相当于后世的宰相，担任这些职务的一般都是有威望的贵族。如姜尚在武王时曾为太师，协助武王灭商。周公也曾担任太师，并在成王年幼时摄政七年。至于春秋时期中原各国的职官，开始也多沿用西周的旧名，但到了后期，因王室衰微，诸侯便各自为政。其时，各国主管国政的中枢之官被泛称为"执政"，执政之外，还设有司徒、司马、司空、司寇等众卿。如孔子便担任过鲁国的司寇。

战国时期，随着各国君主地位的极大提高和权力的高度集中，在国家机构中，巫史和宗室贵族已退居次要地位，只有君主的臣仆越来越受到重用。某些君主的臣仆侍从已由主管君主的私人事务发展到管理国政，并被委以重任，于是，在中央政府中，"相"的官职便出现了。

"相"有扶助之义，并由搀扶盲人、主持仪式者演变为辅佐国君之人的名称。自春秋时的齐桓公和秦穆公开始设"相"以来，至战国时期，"相"已成为"百官之长"（《荀子·王霸》）。如《战国策·齐四》说："梁王虚上位，以故相为上将军，遣使者黄金千斤、车百乘，往聘孟尝君。"相的名称也不尽一致，或单称"相"，或曰"相邦""相国""相室""丞相"，而楚国则称"令尹"。至于"宰相"之称，最早见于《韩非子·显学》："故明主之吏，宰相必起于州部，猛将必发于卒伍。"不过它除了被辽朝用作正式官名外，一般都被当作中枢职官的泛称。

直言之，在中国官制史上，战国是一个转变的时期，即中枢职官由以巫史和宗室贵族为主，转变为由国君的臣仆来充当。这样，国君对中枢之官便操有生杀予夺之权，而不必有所顾忌了。

秦统一中国后，其中枢职官为丞相、太尉和御史大夫。汉承秦制，又继续发展为"三公九卿"制。

丞相为最高行政长官，承皇帝意旨处理国政。丞相一般设两人，以右丞相为上。对某些有威望的丞相，朝廷还尊称为"相国"。如秦始皇时的吕不韦、汉高祖时的萧何都曾被称为"相国"。汉武帝之前，多以功臣为丞相，武帝开始启用一批儒生为相。但武帝之后，丞相地位虽尊，权力却日渐缩小。武帝死后，霍光以大司马、大将军领尚书事主持朝政，其权势远在丞相之上。西汉末，丞相改称大司徒，与太尉改称的大司马、御史大夫改称的大司空并称"三公"，同为宰相，其权力又一次下降。到了东汉初年，光武帝又以太尉、司徒、司空为"三公"，合称"三司"。但其时"三公"仅为挂名宰相，并无实权。正如《后汉书·仲长统传》所说："虽置三公，事归台阁。自此以来，三公之职，备员而已。"所谓"台阁"，乃指"尚书台"而言。尚书台本是皇帝私府中负责收发文书的一个小机关，其长官称尚书令。由宦官担任的则称中书令。由于皇帝将实际的政务中心逐渐转移至内廷，所以尚书台的地位也越来越重要，并分曹办事，终至成为处理中央政府日常政务的机关。有时皇帝还以某些地位较高的官员加上"领尚书事""录尚书事"等头衔以掌管尚书台的事务，这样，录尚书事、领尚书事、尚书令、中书令等便成了实际的宰相。

魏晋以后，尚书台从内廷独立出来，成为中央政府执行政务的总机关。晋称尚书台为尚书都省，刘宋称尚书寺，至南北朝梁代遂改称尚书省。尚书省的长官是尚书令，副职是尚书仆射。这样，尚书省便相当于西汉初年的丞相府，而尚书令和加官录尚书事便都是宰相之职。但由于尚书省的权力过大，所以从魏晋开始，又另设中书省为文书处理机关，其首长为中书令，而让尚书省成为中书省的外围执行机构。由于中书省掌管机要，接近皇帝，又设在禁苑之中，故其地位较尚书省更为重要。于是，中书令又成为事实上的宰相。从晋代开始，皇帝鉴于中书省的权力日益增大，又派亲信人员组成门下省，参掌中枢机密，其首长为侍中。至南朝宋文帝时，侍中正式开始掌管机要，此后梁、陈相沿，侍中也成为实际上的宰相。这样，就形成了所谓的"三省制"，而尚书、中书、门下三省长官并称宰相。

隋及唐初，"三省制"已成为正式的体制。不过此时三省已有分工，即中书掌拟旨，侍中掌审核，尚书掌执行，即所谓"三省分权"。三省首长同为宰相，共议国政。中书省以中书令及中书侍郎为正副长官，门下省以侍中及门下侍郎为正副长官，尚书省以尚书令及左右仆射为正副长官。自隋代开始，尚书省又辖吏、民（后改为户）、礼、兵、刑、工等六部，成为具体的办事部门。三省长官各有官署，但有时也需要共同议政，其议事处称为"政事堂"。政事堂最初设门下省，后来迁至中书省。唐玄宗时改称政事堂为"中书门下"，肃宗时又简称"中书"。唐代，由于太宗即位前曾担任过尚书令，故此后不再以此官授人，尚书省的实际长官是左、右仆射。唐初，尚书仆射与侍中、中书令同为宰相。但中宗以后，不加"同中书门下平章事"的便不是宰相。到了后来，三省长官都不轻易授人，而宁肯以其他职官加上"参预朝政""参议朝政""参掌机事""参知政事"等头衔以行使宰相职权。如杜淹以吏部尚书"参议朝政"，魏征以秘书监"参预朝政"便是。高宗以后，则以"同中书门下平章事"或"同中书门下三品（代宗时改为二品）"为宰相固定加衔。

北宋神宗以前的一百多年，中书、尚书、门下三省虽仍设置，但都不预朝政，形同虚设，全非宰相之职。而在三省之外，另设宰相的办公机构于禁中，称为"政事堂"或"中书门下"，简称"中书"。以"同中书门下平章事"或"同中书门下二品"为宰相之称，以"参知政事"为副。到了南宋孝宗以后，则径称左、右丞相，而以参知政事为副相。南宋宁宗以后，宰相多兼枢密使（掌管全国军务之官），如文天祥便是右丞相而兼枢密使。

辽的中央机构分北面官和南面官两个系统。北面官掌朝廷大政及契丹本部，南面官管理汉人，两套机构都由皇帝统辖。北面官设北、南宰相府，这是中国历史上第一次把"宰相"作为正式机构和职官的名称。两宰相府各设左、右宰相，由宗室贵族担任。金朝实行一省制，只设尚书省，无中书、门下省，以尚书令为最高行政长官。但尚书令仅为皇族荣衔，故下面的左、右丞相及平章政事便为宰相。

元朝也实行一省制，只设中书省。但中书令之职多由皇太子兼领，所以实际任宰相职务的还是左、右丞相及平章政事，而由左右丞及参知政事为其副。元代中书省还派出代表机构到各大区去主管军政大事，这便形成了"行中书省"制度，简称"行省"。"行"即代行职权的意思。元朝曾分全国为十一个大区，于是便有一个中书省和十个行中书省。"行省"的官员设置与中书省略同，也有左、右丞相，只是规模较小。这些"行省"最终由机关的名称又演变为行政区划的名称。

明初中枢职官沿袭元制。洪武十三年（公元1380年）废中书省，并规定不再设丞相，由皇帝直辖六部。但由于政务繁多，便由翰林院官员加殿阁大学士衔草拟诏谕。成祖时，命翰林院编修、检讨等入值文渊阁，参与机务，处理六部事务，称为内阁。仁宗以后，内阁权位渐重，入阁大学士们也多是元老旧臣，号称"辅臣"。而首席大学士则称"元辅"或"首辅"，主持内阁大政，成为事实上的宰相。

清代中枢职官仿明朝，也实行内阁制。顺治十五年（公元1658年）改入关前的"内三院"为内阁，设大学士，加殿阁衔，参与军国大事。雍正时，大学士的官位已提升至正一品，为文臣的最高级别。但自雍正十年（公元1732年）设立军机处后，内阁的许多职权渐渐被军机处所取代，军机处已成为处理全国军政大事的核心机构。此后，大学士如不兼军机大臣，也不再被视为宰相了。

统观宰相之官名称和职责的演变，可以看出，这种演变实际上贯穿着一种指导思想，即对君主权力的强化和对宰相之权的削弱。至于其所使用的方法：一是在宰相人员的选择上，由巫史和宗室贵族变为国君的臣仆、亲信和秘书；二是在官府的设置上，除不断以局部或下级职官来分宰相之权外，又不断设立新的中央职官以取代宰相之权。两种方法并用，直到最后取消宰相，由皇帝直辖六部。由分权到夺权，再到君主专制，这便是宰相之官的演变给予后人的启示。

中国古代的地方官制

　　夏、商时期，与中央王朝并存的是各地的方国，他们与王朝之间仅是松散的臣属关系，而非中央与地方间的上下级关系，故不存在地方官制。西周实行分封制，其地方长官为诸侯与大夫两级。诸侯封地称国，大夫封地称邑。春秋时期，县出现了，其时邑和县的长官称宰或大夫，也有的称公或尹。迨至战国，各国普遍实行郡、县两级管理，郡主要掌军事，县主要掌民政。郡的长官称守，县的长官为令。

　　秦汉仍是郡、县制。万户以上的县，长官称令；万户以下的县，长官称长。县有县丞，助理县政；有县尉，掌管治安。郡的长官称郡守，主要管民政。另有都尉，掌军事；都御使，掌监察；郡丞，为郡守之佐贰。汉代郡守改称太守，其属官又增加了督邮、主簿等。督邮监察所属各县官吏的功过，主簿掌管文书簿籍。京师所在的郡，秦置内史为长官，西汉分为京兆尹、左冯翊、右扶风，称为"三辅"，其长官也分别以京兆尹、左冯翊、右扶风名之，地位相当于郡太守。汉代与郡平行的还有"国"，为皇族子弟的封地。国的行政长官初称丞相，景帝时改为相，由中央派遣，地位与郡守相当，都是二千石的官（月俸一百二十斛），故有"郡国守相"之称。郡之上，汉武帝时开始置十三个刺史部，以为监察区，称为州或部。每州设刺史一人，京师所在地则置司隶校尉。刺史的本义是替朝廷往各处刺探政情，故其级别不高（秩六百石），但权力却很大。其属员有别驾从事史、治中从事史等。汉成帝时，改刺史为"牧"，秩两千石。东汉末，州牧都掌兵权，并成为一方的行政长官，不再是单纯的监察官了。

魏晋南北朝时期，无论南北，地方上都是州、郡、县三级制。国都所在州的长官称牧，外州长官称刺史。由于此期间战乱频仍，刺史多加"使持节都督某州或某某数州军事"头衔，并加"将军"称号，允许成立军府，权势甚大。其属官也分为两套，除监察系统的别驾、治中等，又增加军事系统的长史、司马、参军等。此时郡的长官仍称太守，县称县令。

隋朝废郡存州，州的长官除国都所在州称牧外，其余均称刺史。不过此时的州规模很小，只相当于汉代的郡。炀帝又改州为郡，郡的长官仍称太守，副职称通守。隋初在州之上还曾设总管府（如兰州总管府），但炀帝时撤销了。

唐代的地方官制在"安史之乱"前主要是州（府）、县两级，中唐以后演变为道、州、县三级。县的长官称县令，其下属有县丞、县尉、主簿等。州的长官称刺史，其下属有别驾、长史、司马、判司等。玄宗时一度改州为郡，其长官称太守。唐初还仿汉代的刺史部，置十道，玄宗时增为十五道，以为监察区。每道设观察使（也称按察使、采访处置使），主要负责监察。唐代还在军区设都督府，最初置于边镇，后遍及内地。都督加"使特节"，称节度使。"安史之乱"后，节度使权力增大，不仅领兵，还以中央大员身份兼任观察使和所在州的刺史，集行政、军事、监察三种权力于一身，成为割据一方的藩镇。中唐以后，节度使辖区也称道。节度使的属官大都是自己任命的，故称"检校"（暂时代理之义）某官。如杜甫参剑南节度使严武幕府，即是以"检校工部员外郎"的名义。

宋代最初是州、县两级地方官制，只是在太宗以后又加了"路"。宋代朝廷往往派京官去知（即主持）某县事，故县的长官便简称"知县"。"知某军州事"者则称"知州"。如神宗熙宁七年（公元1074年），苏轼便是以"朝奉郎、尚书祠部员外郎、直史馆"的名义去"知密州军州事"的，简称"密州知州"。州还有通判，名义上是知州的副职，实际上是朝廷用以监视知州的，不似后世的副职。与州平级的还有府、军、监。首都及一些重要地区设府，一般府的长官称知府，在京师的则称尹。如太宗时包拯就担任过开封府尹。军设于沿边及冲要地区，长官称"知某军事"，简称"知军"。监设于冶铁、煮盐等工业区，长官称"知某监事"，简称"知监"。宋代的"路"大致相当于唐代的道，但除监察外，也兼管一部分行政。路设经略安抚司，掌军事及行政，其长官为经略安抚使；设转运司，掌财赋及谷物转运，后亦管监察官员，其长官为转运使；设提点刑狱司，掌司法讼狱，其长官为提点刑狱使；设提举常平司，掌平仓及贷放钱谷，其长官为提举常平使。四个机构间没有隶属关系，机构之上也没有统辖的官员，各机构都直接对朝廷负责。

辽的五京即上京临潢（今内蒙古自治区巴林左旗之波罗城）、东京辽阳（今辽宁省沈阳市）、南京析津（今北京城西南）、中京大定（今内蒙古自治区宁城西）、西京大同（今山西大同市），其所在地皆称府，置留守兼府尹。以五京为中心所划分的五京道，各道设总管府，掌军政；设处置使司，掌司法、监察。道辖州、县，州的长官称节度使或刺史，县的长官为县令。金的"路"仿宋，也设四个机构，即都总管府（管民政）、都转运司（管财政）、按察司（管司法、监察）、统军司（掌军事）。路以下州、县官制与辽宋同。

元代的地方官制为省、路、府或州、县四级。省即行中书省，虽为中央派出机构，实际已成为地方最高行政机构。其长官设置与中书省略同，只是规模较小。路设总管府，掌军事与民政。府的长官称知府或府尹，州的长官称知州或州尹，县的长官称县尹。此外，为防范汉人，在路、州、府、县皆置"达鲁花赤"一员，由蒙古人担任。"达鲁花赤"意为统治者、盖印者，转为总辖官之称，握有实权。

明代地方官制为省、府（或州）、县三级。洪武九年（公元1376年）改行中书省为承宣布政使司，但习惯上仍称省。京师地区为北直隶，南京地区为南直隶，直属六部。其余十三布政使司，每司皆设左、右布政使，作为主管一省民政、财政的最高长官。同时，每省还设都指挥司，以都指挥使为长官，掌军事；设提刑按察使司，以提刑按察使为长官，掌司法刑狱。故明代省级最高权力机构总称为"布、按、都"三司。"三司"三权分立，虽可避免地方专权，但又不易配合，故朝廷往往要派出监察御使和部院大臣以总督、巡抚、巡按的名义进行协调。但终明之世，督、抚多为临时派遣，尚未形成定制。明代州、府的长官称知州、知府，京都所在地的府，长官称府尹，县的长官称知县。

清代也实行省、府（或州、厅）、县三级制。但明代以来的督、抚制已被固定，故省级最高长官为总督或巡抚。总督辖一省或二三省，综理军民大政，例兼兵部尚书和都察院右都御史衔，别称制军、制宪、制台。巡抚为一省最高军政长官，例兼兵部侍郎、都察院右副都御史衔，别称抚台、抚军、部院、中丞。总督、巡抚并称"封疆大吏"。督、抚之下设布政使，简称藩台、藩司、方伯，掌一省财赋民政；设按察使，别称臬台、臬司，掌一省司法、监察。督抚、布政使、按察使又合称"三大宪"。此外，各省还有提督学政，管教育。清代府的长官称知府，又称黄堂；顺天府（京城所在）、奉天府（陪都所在地）的长官称府尹。与府同级的有直隶州（直隶于省），长官为知州；少数民族地区还设直隶厅（直隶于省），长官为同知和通判。县的长官仍是知县。此外，清代府上还有道，是省的派出机构。道有两类：一是"分守道"，管若干府、县民政；二是"分巡道"，管某一项事务（如河务、盐、茶等）。道的长官称道员，又称道台。

总体来看，在中国古代的地方官制中，省、县两级是最基本的，而中间的郡或府、道则时设时废，并最终由省的派出机关变为一级正式机构了。这种状况一直持续到今天。

寅篇 科举

古代学子的"进学"

中国的科举制度自隋炀帝大业二年（公元606年）正式开始实行，至清光绪三十一年（公元1905年）被废，共经历了1300年。时至今日，科举制被废除虽已一百余年，但围绕科举利弊的议论还是不断。平心而论，科举制在漫长的时间内，虽经历史上的几度改革却仍未被推翻，自然有其存在的价值。例如，它以统一的考试来选拔国家文职官员的策略，它面向平民的做法，它的开放性与公正性，以及它的一整套严密的考试制度，都曾产生过积极的效应。至于它在考试内容上的局限性以及考试文体的死板僵化，则是到了后期才出现的。

为了全面地认识中国古代的科举制度，避其弊端而取其有益的成分，有必要对科举制下的一系列考试作一介绍，以为今日教育及人才选拔之借鉴。

先谈谈古代的进学。

"进学"的本义是增进学业。如《礼记·学记》云："善待问者如撞钟，叩之以小者则小鸣，叩之以大者则大鸣……不善答问者反此。此皆进学之道也。"韩愈

《进学解》所用即此义。但到了明、清，"进学"则具有了一种特殊的含义。如《儒林外史》第三回中写道："范进进学回家，母亲、妻子俱各欢喜。"那么，这里的"进学"又是什么意思呢？这就不得不从古代的科举制度说起了。

科举的含义是分科举士，即由国家设立科目，用考试的方法选拔官吏。中国的科举正式确立于隋唐，经宋、元进一步发展，至明清达于极盛。而明、清科举制的一个重要特点，便是科举与学校的结合，即科举必须经由学校。明清时期的地方学校有府、州、县三级，一般称为郡县学，也称儒学。学子要进入这些学校学习，就必须先取得生员资格，而"进学"（又称"入学"）便是取得生员资格并进入儒学肄业的俗称。

但读书人要"进学"，却不是那么容易的事。当年鲁迅与其弟周作人一同参加童试，便俱被黜落，只有另一位名叫马浮的考生考中了秀才。"进学"先要经过"童生试"，简称"童试"。童试与此后的乡试及会试一样，都是以考八股文及试帖诗为主的。八股文的题目出自"四书""五经"，应试者要用古人的语气作文，即所谓"代圣贤立言"。经义发挥也要以朱熹的《四书章句集注》为准。八股文亦被称为制艺，每篇由破题、承题、起讲、领题（或曰入手）及起股、中股、后股、束股八部分组成。由于起股至束股四股是文章的主要部分，而每段又有两股排比对偶的文字，合计八股，故被称为"八股文"。八股文不但结构有固定程式，字数也有一定限制。以清代为例，顺治二年（公元1645年）规定每篇限550字，康熙二年（公元1681年）规定为650字，至乾隆四十三年（公元1704年）又增至700字，违者不录。此后遂成定制。至于试帖诗，清代童试规定五言六韵，不但限韵，其结构与作法亦与八股文略同，而且诗中不得出现美人、红粉、狐鬼、破败、死亡等不庄不吉的字样。

具体说，童试又包括县试、府试和院试三种考试。由本县知县主持的考试称县试，由知府主持的考试称府试。清朝的县试多在二月，府试多在四月。应试者应县试、府试及格后，无论年龄多大，都被称为"童生"。故童生有十余龄之少年，也有年逾花

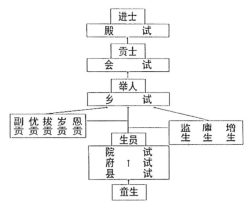

清代科举考试系统

甲的老人。据说俞樾（章太炎的老师）在担任河南学政时，一位老童生向他行礼，一个头磕在地上后便起不来了，原来这位童生已经六十多岁了。于是，俞樾便在该童生的卷子上批了三句话："年龄在花甲之外，书写在红格之外（因眼花已写不进红格之内了），录取在常规之外。"此虽系调侃之词，也可见科举时代的童生要成为生员是何等艰难了。

童生要经院试通过后才能成为生员。院试是各省学政（又称学台、宗师）主持的考试。学政由皇帝任命进士出身的翰林院及六部官员担任，一般任期为三年。学政在任期间，要轮流到所辖的各府、州去主持考试，被称为院试（即由学院所主持的考试）。院试又包括两种考试，即岁试与科试。童生只需通过岁试就算是"进学"了，即成为国家承认的学生，称作生员，又称庠生、诸生、博士弟子员，俗称秀才、相公。范进的"进学"，换言之，便是说他已经成为秀才了，故母亲、妻子才会"俱各欢喜"。又据《儒林外史》第二回说："童子进了学，不怕十几岁，也称'老友'；若是不进学，就到八十岁，也还称'小友'。""进学"时要发榜，县、府、院试的第一名都称"案首"（即榜单长案之首）。如蒲松龄19岁时，即以县、府、道三第一的优秀成绩考中秀才。榜上最后一名"进学"者的名字下面则

用红笔画一个勾，表示截尾，故该名考生常被称为"坐红椅子"。此俗一直持续到20世纪50年代初，当时学校每逢期末考试张榜，也要在最后一名同学的名字下面画钩，而这名同学也被戏称为"坐红椅子"。

生员又分为三个等级，即廪生、增生和附生。"廪生"即廪膳生员的简称，由国家供给廪膳银（即生活补助费），名额有一定限制，只有在岁、科两试中成绩优秀的生员才能获得。"增生"即增广生员的简称，是定额之外增加的，也有一定名额。"附生"即附学生员的简称，是廪生、增生之外又增加的名额，附于诸生之末，一般都是新"入学"者。生员每年由学政考试，按成绩等第依次升降。

童生经院试被录取为生员后，分别被安排在府学、州学和县学中学习，并分别由教授、学正、教谕及训导教他们读书。教授是府一级学校教师的称谓，学正是州一级学校教师的称谓，教谕是县一级学校教师的称谓，其副职皆称训导。学校称作学宫。由于学宫前面有一半圆形的水池，称作"泮水"，故学校又被称作"泮宫"，入学又被称为"入泮"。而泮水中常常长满水芹，故入学亦被称为"采芹"。《诗经·鲁颂·泮水》"思乐泮水，薄采其芹"便是最早将"泮水"与"采芹"联系在一起的。而蒲松龄在闻听长孙立德"进学"之后所写的《喜立德采芹》一诗，更是将"采芹"作为"进学"的代名词了。

"进学"虽不是正式的科举考试，但生员却是"功名"的起点，并且已开始享有某些特权，如免除徭役，见了知县不必下跪，以及官府不能随便对他们用刑等。自明代后期开始，新进学的秀才也可以乘轿（见明何良俊《四友斋丛说·正俗》）。故范进进学后，他的岳父胡屠户便教训他说："你如今既中了相公，凡事要立个体统来。"并告诫他不可向做田、扒粪的平头百姓拱手作揖，不可与他们平起平坐（见《儒林外史》第三回）。这在今天看来虽然有点可笑，但在科举时代却是十分正常的。

至于已经"进学"的生员，也不一定真的都到学校去读书，他们只是名义上属于这些学校，日常学习多半还是在家中，只有考试时必须到校而已。这一点与后世学校的学生有所不同。

古代科举考试中的"乡试"

童试在明清仅是一种入学考试，而正式的科举考试是乡试、会试和殿试三级。

乡试通常每年在京城及各省城举行一次。一般在子、卯、午、酉年举行，称为"大比"。又因乡试时间在八月，故又称"秋试""秋闱""秋榜"。

乡试之前，需要举行一种资格考试，即"科试"，又称"科考"。科试由学政主持，考试成绩分为六等，凡考为一、二等者，即取得了乡试资格。如是小省，三等的前五名准送乡试；如是大省，三等的前十名准送乡试。其余考为三等者，以及在籍的监生、贡生等，再经学政考试，名为"录科"。录科录取者也可以参加乡试。此外，明清时期还于乡试之年的七月下旬集中举行一次科试的补考。凡科考、录科未取者均可再考一次，称为"录遗"。录遗录取者也可以参加乡试。

乡试的考场称贡院，贡院四周墙上遍覆荆棘，故又称"棘围"。考生入围，搜检极严，只准带篮筐、食物、笔砚等。衣、帽、鞋、袜皆应单层，衣服要拆缝，鞋要薄底，砚台不许过厚，笔管要镂空。甚至连所带的糕饼、馒头等也要切开检查。

除此之外，还要对照相貌册核对其体貌特征。倘发现有怀挟片纸只字者，先于场前枷号一个月，然后问罪发落。搜检人员失职同罪。考生答题之所称号房，号房多少视参考人数而定，多者可至九千余间（如顺天贡院），排成数十排，并以《千字文》之"天地玄黄"等字编列序号。每间号房高约六尺（约2米），深四尺（约1.3米），宽三尺（约1米）。房内有木板两块，可上下移动。白天，一上一下，上为桌，下为座；夜晚，上板移至下方，并为卧榻。在整个考试期间，考生吃、住、答题都在此号房内（参见商衍鎏《清代科举考试述录·乡试之定制》）。号房巷口有栅栏门，巷尾有厕所。考生全部入号后，栅栏门即关闭上锁。在考场四周还建有瞭望楼，有人在楼上执勤，可以随时观察考生的一切活动。

乡试的正、副主考官，一般由皇帝任命在京的翰林及进士出身的部院官员充任；协助主考的同考官，又称房官，则由省内进士出身的官员担任。监考一般由巡抚充任。清代乡试共三场。八月初九日第一场，考经义；十二日第二场，考论、判、诏、诰、表等；十五日第三场，考时务策等。每场都于头一日点名入场，后一日交卷出场。第一场最重要，因为通过对经书微旨的阐发，可以观见考生的心术。而命题则出自"四书"或"五经"。如康熙二十九年（公元1690年）山东乡试的首场试题"子贡曰譬之宫墙""是故君子先慎乎德""孔子登东山而小鲁，登泰山而小天下"，便分别出自《论语》《大学》及《孟子》。至于经义的发挥，则"四书"须依朱熹的《四书章句集注》；"五经"中，《诗》主朱熹《诗集传》，《书》主蔡沈《书集传》，《易》主程颐《易传》，《礼记》主陈澔《礼记集说》，《春秋》主胡安国《春秋传》。试题均于各场考试前一日刻印完毕，并于考试当天的子时发给考生，每人一张。

答题时除了内容的要求外，在形式上还有许多规定，如避讳、抬头（凡涉及当朝名称及尊长时要提格或提行书写）等，并不许出现越幅、曳白及涂改太甚等现象。违者则要被贴出公布，并不准再参加后面的考试。如蒲松龄在康熙二十六年（公元1687年）应乡试时，卷子答得很好，但因"越幅"，亦被黜落。所谓"越幅"，即考生在答卷时隔了一页，直接从下一页开始写了。难怪蒲松龄在事后所赋的《大圣乐》词中写道："得意疾书，回头大错，此况何如！觉千瓢冷汗沾衣，一绺魂飞出舍，痛痒全无。"一个小小的疏忽，便决定了考生一生的命运。

考生交卷后，卷子也不能直接交阅卷官评阅，还要先经过弥封、誊录、对读等各项手续。弥封即将试卷卷面折叠、弥封糊名；誊录即将考生的"墨卷"由专门的誊录人员用朱笔照抄一遍（以防阅卷官识别字体），称为"朱卷"；对读则是核对朱卷与墨卷是否一致。所有参与这些程序的人员，都分别在试卷的规定位置盖上具有自己衔名的戳记，以示负责。最后，墨卷存外帘，朱卷则送内帘之房官校阅。

房官分头阅卷，并将自己选中的试卷加圈加批推荐给主考，称为"荐卷"。而去取权衡，全在主考。对于未被推荐的试卷，主考也会遍加校阅，以防遗珠之憾。对于"落卷"，则分别由同考、主考加上简短的批语，以说明其未被录取的原因。

乡试录取的名额各省不一，一般为数十名，只有顺天（京城地区）乡试可录取160余名。除正榜外，也会有一定数量的"副榜"。放榜之前，还要从外帘调取墨卷，经再次与朱卷核对无误后，才拆开墨卷弥封，揭晓考生姓名，然后写榜。放榜时间在九月五日至十五日间，其时正值桂花开放，故又称"桂榜"。乡试考中的称举人，俗称孝廉，第一名称解元。乡试中举叫乙榜，又叫乙科。发榜后的第二天，例由巡抚举行宴会，宴请主考、学政、内外帘官及新科举人，席间歌《鹿鸣》诗，故宴会又称鹿鸣宴。宴前要先发给新举人顶戴、衣帽等。

考中举人，便可以参加全国性的会试，即使会试未能及第，也已具备了做官的资格。如清代顺治时规定，举人会试三科不中者准予铨补知县，一科不中者许就教职。乾隆以后，又定"大挑"之制，即三科以上会试不中的举人，挑取其中一等者用为知县，二等者用为教职。大挑六年一次。

科举时代，秀才要考中举人是很不容易的。正如蒲松龄在《聊斋志异·王子安》中所描写的，"秀才入闱，有七似焉"：其初入时白足提篮，似乞丐；点名时被官吏呵骂，似囚犯；入号舍后孔孔伸头，似秋末之冷蜂；出场时精神恍惚，似出笼之病鸟；等待结果时行坐不安，似被絷的猿猴；落榜后神色猝变，似食了毒饵的苍蝇；此后又次次入闱，似年年孵蛋的鸠鸟。

出入考场几十年且次次铩羽而归的蒲松龄，可谓将秀才应乡试的艰辛可怜之状描绘殆尽。

古代科举考试中的"会试"与"殿试"

　　会试即集中会考之义，于乡试后第二年春天在礼部举行，故又称礼闱或春闱，时间一般在丑、辰、未、戌年的二月或三月。参加会试者是各省的举人。因举人赴京，由布政使发给路费，故又称入京应试者为"公车"。如1895年以康有为为首的各省赴试举人的上书便被称为"公车上书"。

　　会试前，先要对举人进行磨勘与复试。所谓"磨勘"，实际是中央政府对各省乡试所进行的一次检查。乡试放榜的当天，各省便开始将举人的朱卷与墨卷解送礼部，并由礼部组织中央有关部门中科甲出身的官员进行磨勘（即复查）。从考生的试卷到乡试的各个环节，都在磨勘范围之内。倘发现朱、墨卷不符，抄袭以及文体不正、用词不当等，即行斥革。对不遵传注、混用俚语、不知避讳与抬头或文字超过规定字数、字体潦草以及诗之平仄失调等，则罚停会试一科至三科。如乾隆三十四年（公元1769年），福建举人林元桂因文内用了"衣钵"一词（佛教用语），即被革去举人头衔。复试是为防考官徇私舞弊，其内容为"四书"题及诗题各一道，试题常由皇帝亲命。复试成绩分为四等，一、二、三等准其参加会试，四等者罚停会试一科或数科。

会试考场的规矩，如入场搜检、弥封、誊录、对读等，与乡试基本一致。会试主考官称总裁，一称座主或座师，一般由内阁大学士或六部尚书充任；同考官即房官，由翰林院官员及进士出身的京官为之，共十八名，称十八房官。房官管阅卷，总裁管考试并决定录取。会试也分三场，分别安排在初九、十二日、十五日，每场三日。取中者称贡士，第一名称会元。会试中式没有定额。以清代为例，多则四百余名（如雍正庚戌科），少则九十余名（如乾隆己酉科）。会试放榜日期，康熙时为三月五日至三月十五日，乾隆十年（公元1745年）后因会试改为三月，放榜日期也顺延到四月十五日内。会试放榜时正值杏花开放，故又称"杏榜"。

放榜之后，对新贡士的朱卷、墨卷也要进行磨勘，例由皇帝选派有关大臣从事此项工作。新贡士还要到礼部去填写"亲供"，并在殿庭复试。磨勘、复试合格，便取得了殿试资格。

殿试是由皇帝主持的考试，在会试之后举行。参加殿试的是贡士。在中国科举史上，殿试是从宋朝开始增加的，其目的是要避免唐代以来主考官与考生之间所形成的"恩师"与"门生"的特殊关系，而把所有及第的人都变成"天子门生"，只对皇帝感恩戴德。基于此，协助皇帝进行阅卷的人也不能称阅卷官，而只能称读卷官。读卷官从大学士、六部九卿中选派，负责具体阅卷。清代自乾隆二十五年（公元1760年）后，读卷官定为八员。

清初殿试在四月初举行，自乾隆二十六年（公元1761年）定为四月二十一日，遂成定制。殿试的地点，最初在天安门外，后改在太和殿前丹墀，如遇风雨，则试于太和殿之两庑。从乾隆五十四年（公元1789年）开始，固定于保和殿内。

殿试以一天为限，不准给烛，也不准带出补写。不能完卷者，列入三甲之末。

殿试内容，只有经史时务策一道，每策包括三至五题。试题于前一日由读卷大臣在文华殿密拟，经由皇帝圈定后再交内阁中书用黄纸书写，当晚印刷，殿试日凌晨发给考生。试卷用白宣纸裱成，前面是素页，备写履历三代；后面画一红线，接下写策文。策文多五六百字，也可以长至千余字。殿试第二天即开始阅卷，一般两日内即可完毕。读卷官先阅所分得之卷，然后轮流互阅。评卷标准多偏重书法，甚至苛求于点画之间。而于策文，则唯取其无明显错误而已。清代读卷有五种标识，颇类后世之五级制。这五种标识从高到低依次是"〇"（圈）、"△"（尖）、"、"（点）、"丨"（直）、"×"（叉）。阅完卷后，由读卷官将标识分别标在自己的签名之下，最后总核，排出名次。

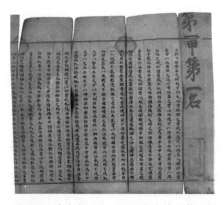

明万历二十六年（公元1598年）青州状元赵秉忠殿试原卷（局部）

殿试分三甲录取，只有等次之差，而不予黜落。清代自康熙二十四年（公元1685年）始，读卷官先以前十卷进呈，由皇帝决定其中的一、二、三名，第一名称状元，第二名称榜眼，第三名称探花。一、二、三名为第一甲，赐进士及第。第二甲赐进士出身，其中第一名称传胪。第三甲赐同进士出身。一、二、三甲通称进士。进士榜称甲榜，或称甲科。因其张榜时用黄纸书写，故俗称"金榜"，并谓中进士为"金榜题名"。宣布殿试结果，要举行隆重的仪式，称为"金殿传胪"。传胪后第三天，赐新进士宴于礼部，称为"恩荣宴"，又称"琼林宴"，之后在孔庙立碑镌名。

清代规定，殿试后，新进士还要在保和殿参加朝考，由皇帝出题，试论、疏、诗各一道。朝考第一名称"朝元"。一甲三名不参加朝考，他们在殿试揭晓后立即授职，状元授翰林院修撰（从六品），榜眼、探花授翰林院编修（正七品）。二甲第一名的传胪与朝考第一名的朝元，一般也要到翰林院任职。至于其他进士，则综合复试、殿试、朝考成绩，选优秀者入翰林院做庶吉士，其余用为六部主事、内阁中书、国子监博士及知州、知县等。

会试和殿试，除常科外，也有过一些制科，即根据皇帝的旨义临时增加的考试。如清代康熙十八年（公元1679年）的"博学鸿词"科即是制科。再如乾隆元年（公元1736年）的"博学鸿词"以及光绪二十九年（公元1903年）的"经济特科"也都是制科。

庶吉士，即俗称"翰林"者，还要在翰林院中继续学习，待三年期满后再举行"散馆"考试。成绩优良者，分别授予翰林院编修（原是进士二甲者授编修）、检讨（原是三甲者授检讨）。其余分发各部任主事等，或以知县优先外用。庶吉士的出路仅次于一甲三名。由于明清两代非进士不入翰林，非翰林不入内阁，而许多大学士都是翰林出身，所以庶吉士自入翰林院之时即被人们视为储相，而翰林院也被视为储才之地。难怪读书人对词林（翰林之通称）格外艳羡了。

说"监生"与"贡生"

《儒林外史》中有严贡生与严监生兄弟，兄名大位，弟名大育。但为何又称他们为"贡生"与"监生"呢？这要从明清科举的贡监制度说起了。

明清两朝的最高学府是国子监，又称太学。而入监肄业者有两种人，即监生与贡生。

监生来源有四，即恩监、荫监、优监、例监。由皇帝恩赐入监的称恩监，如孔孟等圣贤后裔，经皇帝恩准便可以入监读书。荫监有两种：一为恩荫，即恩诏文官京四品、外三品以上，武官二品以上可送一子入监；二为难荫，凡三司首领，州、县佐贰官以上官员死于国事者，亦可以荫一子入监。由增生、附生选优入监的称为优监。由俊秀（优秀的童生）援例报捐（即捐纳银钱）的称例监。而《儒林外史》中的严监生便属例监。例监可在监肄业，也可在原籍，所以严监生虽有监生之名，却常年居于家乡。

贡生来源有六，即岁贡、恩贡、拔贡、优贡、副贡、例贡。因例贡与例监相仿，是靠捐纳而取得贡生资格，故不被认为是正途。国子监生中，只有前五贡才被人们重视，而"五贡"出身以任官职的人也和举人、进士一样，被称之为正途。具体说：

岁贡是取府、州、县学食廪年深者，挨次升贡，故俗谓之"挨贡"，出学政在各级廪膳生员中按年资选送。岁贡名额，清代，府学岁一人，州学三岁二人，县学二岁一人，并在每个正式名额下有两个递补名额，称陪贡。这样，生员由入学到出贡，至少要经十年以上。如蒲松龄自十九岁成为生员，但直到七十二岁方获出贡。

恩贡是皇帝特别恩赐的贡生。如逢国家庆典或新帝登基便有恩贡。如清顺治元年（公元1644年）曾诏直省府、州、县学，以本年正贡作恩贡，次贡（陪贡）作岁贡。此后皆如之。又，每逢皇帝亲临辟雍（国子监中讲学之所）视学，便会邀请圣贤后裔（如孔孟等五氏子孙）中的生员环雍观礼，并留他们进监读书。康、乾间皇帝有时东巡至阙里，也会加恩圣裔，拔取其中一些生员入国子监为贡生。

拔贡是朝廷令学政于考取一、二等的生员内遴选文行兼优者贡太学。清初即因明选贡遗制实行之。雍正时，鉴于太学监生多由捐纳，而岁贡又论资排辈，出贡者多为年老力衰之人，乃特重拔贡。除改十二年一次为六年一次外，又令学政不拘一、二等生员，只要有识见、才干，即便未列优等，亦许选拔。经朝考通过，即可入太学。故雍、乾间充贡太学，以拔贡为最盛。

优贡与拔贡一样，也是选文行兼优的生员入国子监肄业。而所选优生，原由廪生、增生升入太学者准作优贡；原由附生、武生升入太学者只做监生。乾隆四年（公元1739年）规定，选优名额，大省不得超过五六名，小省一二名，宁缺毋滥。一般于学政三年任期满时，会同总督、巡抚一起保送，再经朝考通过后贡入太学。严贡生的贡生名为"优贡"，但从他的人品与才学来看，实难相副。可见选优过程中也有弊端。

副贡是乡试取入副榜而直接入监读书者。清代,副榜入监始自顺治二年(公元1645年)。至康熙十一年(公元1672年)又明确规定,各省乡试所取副榜,作贡生送监。

明清国子监的长官为祭酒(从四品),其下有司业(正六品)、监丞(正七品)以及博士、助教、学正、学录、典籍、典薄等官。监中设率性、修道、诚心、正义、崇志、广业六堂,以为讲肆之所。监生在监内主要学习"五经""四书""性理""通鉴"诸书,至于其他经书及"二十一史"等,则由学生自行选择。每天要临摹晋、唐名帖数百字。每月朔、望,博士讲解经书两次;上旬,助教讲经义一次;既望,学正、学录讲书各一次。监生要建立"日课册"(作业本),十天送助教批阅一次,初一、十五送监堂查验。祭酒、司业每月十五轮流考试"四书"文一篇、诗一篇,称为"大课"。祭酒还要主持三月一次的季考,司业要主持每月一次的月考。此外,每月初一由博士考试经文、经解及策论,初三由助教考试,十八日由学正、学录考试,各试"四书"文一、诗一、经文或策一。

监生坐监时间,恩贡六个月,岁贡八个月,副贡六至八个月,拔贡十四至十六个月,恩荫二十四个月,难荫六个月,例贡十四至十六个月,俊秀二十四个月。自雍正五年(公元1727年)开始,统以三年为期。监生坐监期满,要分到各部院去实习,称为"拔历"。拔历一年期满,合格者送廷试后录用。顺治初年,还曾对监生实行"积分制"(按月试成绩积分,一等予一分,二等半分,二等以下无分),积满八分者可免拔历。顺治十七年(公元1660年)取消积分法,康熙初年拔历也停止。监生坐监期满,直接送吏部考试,合格即授职,一般用为州同、州判、县丞、主簿、吏目等。康熙以后,由于停止拔历,并罢岁贡廷试,所以贡生只要经过学政考试合格，上报吏部，得缺之后，再由巡抚考验一次，即可授本省训导。故此后很多贡生都不入监读书了。

至于一些在监肄业的贡生和监生，每逢乡试之年，经国子监考试录科，也可以参加乡试。贡生与监生在乡试录取之后才能成为举人，这一点同于生员，但他们除参加乡试外，还可以通过其他考选途径做官（如廷试、吏部试），这又与生员不同。所以，清代的贡生和监生在穿戴方面也与生员不一样，他们可以戴金雀顶冠，穿青绸蓝边的公服和披领，与举人的穿戴一般无二了。

贡监制度是明清科举制的重要一环。而随着光绪三十一年（公元1905年）科举制的废除，曾盛极一时的国子监连同监生与贡生，也成为历史的记忆了。

孟郊为何会"春风得意"

　　曾写过《游子吟》的唐代诗人孟郊，还有一首作于贞元十二年（公元796年）的《登科后》诗，抒写自己进士及第后的心情。其中有这样两句："春风得意马蹄疾，一日看尽长安花。"孟郊为何会如此"得意"呢？这不得不从唐代的科举制度说起了。

　　中国的科举制度萌芽于汉代的对策与射策，至隋炀帝置明经、进士二科，以"试策"取士，科举制遂正式开始实行。唐承隋制，继续实行科举取士，并增加了"明法""明学""明算"等五十余科，而以进士、明经两科为主。进士科重文学才华，明经科重经术。高宗以后，进士科尤为社会所重。时谓由进士出身者，"终身为闻人"，而其他科出身者，名望虽高，犹居进士之下。孟郊所中为进士，这是他"得意"的原因之一。

　　唐代，进士科、明经科每年都要举行考试，称之为"常科"。常科之外，还有"制科"，即由皇帝临时诏令设置的科目，如"贤良方正直言极谏"科、"才识兼茂明于体用"科、"文辞秀逸"科、"风雅古调"科等，计百余种。制科考期不固定。

考生的来源，常科主要来自生徒和乡贡。生徒即由京师国子监及州县学馆出身而应试者，他们在学校内考试合格后，便可以参加朝廷于尚书省举行的科举考试，即"省试"。乡贡则是不由学馆而先经州县考试及第后再送尚书省的受试者。州县考试称为"解试"，对解试合格者，州县长官要设"鹿鸣宴"（宴会上歌《诗经·小雅·鹿鸣》诗）以招待之。凡以乡贡入京应试者，通称"举人"。而应进士科考试者，则被称为"秀才"。可见唐代举人、秀才的概念，与明清是很不相同的。至于参加制科考试者，可以是已有官位的官员，也可以是常科及第的人或庶民百姓。

唐代主持中央科举考试的是礼部，考官通常由礼部侍郎担任，称为"知贡举"。如礼部侍郎缺人，则由他官主考，称为"权知贡举"。因为礼部试都在春天举行，故又称"春闱"。考试内容及录取标准，各科不尽一致。进士科开始以考时务策为主，后来又加试帖经（把经书中遮住的字识别出来）和杂文（指箴、铭等文体）。玄宗以后规定诗赋为必考科目，计考帖经、诗赋及时务策三项，而以诗赋为重。诗的题目和用韵也有严格限制，一般为五言六韵或八韵的排律，诗题冠以"赋得"二字，被称为试帖诗。倘有的考生不愿考帖经，也可以用"以诗赎帖"的办法进行通融，即以作诗来代替帖经。这样一来，更突显了诗赋在科举考试中的地位。中国诗歌在唐代的高度繁荣，与此不无关系。明经科则以考试经义为主，先试"帖经""墨义"（默写经文及注疏），最后试时务策。考生入场时，也要搜检衣物。但对考生的试卷并不像宋代以后做糊名（把姓名密封）、誊录（另誊一份供考官评阅）处理。

　　唐代科举还有一个与后世不同之处，是考试与推荐相结合。参加考试者常要请当世显贵或有文学声望的人向考官进行推荐和奖誉，这就是唐代的"行卷"风气。考生将自己的作品尤其是文学著作抄写在卷轴上，呈献给推荐人，推荐人认可后再推荐给考官。如白居易考前曾向大诗人顾况行卷，其《赋得古原草送别》便是开卷第一篇，其"野火烧不尽，春风吹又生"的名句赢得了顾况的赞赏。又如杜牧因《阿房宫赋》得到吴武陵的推荐，也是一个典型的例子。朱庆余在考前还曾模仿新妇口吻，写诗给时任水部郎中的张籍（诗题为《近试上张水部》），以表达自己考前的不安与期待。所谓"画眉深浅入时无"，实是在试问他的推荐人张籍："我的文章能否得到主考的赏识呢？"

　　唐代考生及第后，称考官为座主、座师、恩门，对考官自称"门生"，同科及第者互称"同年"。进士及第者称"进士第"，甚为荣耀，至被视为"登龙门""白衣卿相""一品白衫"（考生多着白色麻布袍衫）。而称他科及第者则谓"杂色"。又因进士科既被人羡慕，又最难考，百人中不过取一二人而已，故时又有"三十老明经，五十少进士"之说。进士第一名称"状元"或"状头"。同榜者要在曲江聚会游宴，称作"曲江会"，许多达官贵人也往往在这一天来曲江挑选女婿。聚会时还要举行"探花宴"，以同榜少年俊秀者二人为"探花使"，遍游长安名园，采摘名花，以点缀宴会。游宴后还要一同到慈恩寺雁塔下题名留念，称为"题名会"。孟郊及第时已46岁，但仍被选为探花使，让他有机会"一日看尽长安花"，这便是他"春风得意"的又一个原因了。

　　唐代制科考试合格后可直接授官，但常科及第却不能马上授官，还须参加吏部的考选，谓之"选试"或"释褐试"，选试合格方能授予官职。选试包括身（体貌）、言（言辞）、书（书法）、判（判词）四个方面，并分为"博学宏词""拔萃"等名目。如柳宗元便是以"博学宏词"授集贤殿正字，白居易以"拔萃"授秘书省校书郎。而韩愈虽进士及第，却因三应吏部考选未中，未能得官，最后只好去做节度使董晋的幕僚，数年后经董晋推荐，才被授予秘书省校书郎。故从授官方面来看，制科及第最优，其次是常科的明经，再次是进士。但进士虽初授较低（一般是八、九品），而升迁却易，唐代宰相大多是进士出身的。展望进士出身的美好前途，这又成为孟郊"春风得意"的更深层原因。

但遗憾的是，孟郊的美好愿望却未曾实现，他的"得意"也未能持久。他直到50岁才被任为溧阳县尉，56岁时才做到河南水陆转运从事一类的小官。而且由于性情耿介寡合，他几乎一生都处在困顿潦倒之中，并最终在64岁那年因病去世。不过，唐代历史上虽然少了一位显宦，却多出一位著名诗人，这又是孟郊同时也是中国文化之幸。

卯篇　称谓

古人的姓、名、字、号

古人除姓名外又有字，有些还有号。这是为什么呢？

先从姓说起。姓者，生也，与出生有关。远古母系氏族社会，子女知其母而不知其父，故子女出生后各随其母而姓。有些古老的姓如姬、姜、姚、姒、姞、嬇、妫等，其字皆从"女"，便说明了这一点。古人还有图腾崇拜之俗，他们将某些动植物作为自己崇拜的对象，甚至认为自己就是这些图腾的后代，于是将某些动植物作为自己的姓，如熊、羊、虎、龙、凤以及杨、柳、梅、兰等姓便是这样来的。时代稍后，也有以官职或职业为姓的。以官职为姓的有司马、司徒、乐正、太史等；以职业为姓的有巫、卜、陶（制陶）、屠、奕（善弈棋）、樊（围篱）等。

古代的姓是不多的。据《国语·晋语四》所说，黄帝子25人，其得姓者仅14人，为12姓，即姬、酉、祁、己、滕、箴、任、荀、僖、姞、儇、依。今天我们从《春秋》中能见到的姓仅20余个，再加上从金文及《说文解字》《山海经》中所能查出的姓，也不过60余个。故古时的所谓"百姓"，乃是有身份的人，并非指平民。

古代平民无姓，但有氏。氏者，地也，与居住地有关。由于人类子孙的繁衍，古时一族常分为若干支，而每一支居于不同的地域，并有一个特殊的称号作为标志，这便是"氏"。如商人的祖先是子姓，后来又分为殷、时、来、宋、空同等氏。楚人原姓芈，后来楚武王熊通的儿子熊瑕封于屈，后代便是屈氏。再如管、蔡、卫、霍，他们的始祖都是周文王的儿子，本姓姬，封于各地后，遂因其地而得氏。而从姬姓分出的氏，总共有400多个。这样，姓便成为旧有的族号，而氏则成为后起的族号了。战国以后，随着奴隶制被推翻及平民地位上升，原有的反映奴隶主贵族统治的姓氏制度被废除，人们开始以氏为姓，于是出现了姓氏合一的现象。而由于姓氏的合一，一般平民也开始有自己的姓了。到了汉代，姓和氏已无甚区别，都通称为姓。《史记》中就往往称某人"姓某氏"。如《孔子世家》便称孔子"姓孔氏"。孔子祖先实则是宋人，原本姓"子"，孔仅是氏。这种姓氏合一的痕迹，今天仍能见到。如有些人至今还习惯在姓的后面加"氏"，称张氏、李氏、王氏等。

古人的名是由父亲取的。《仪礼》云："故子生三月，则父名之。"（《丧服传》）故今人所谓"行不更名，坐不改姓"，实出于对祖先及父亲的敬重之情。古人命名的方式也有多种：或以生辰命名，如商代的太乙（汤）、武丁（高宗）、帝辛（纣王）等；或以身体特征命名，如孔子"生而首上污顶"，即头长得像尼丘，遂以"丘"为名；或以出生时的状况命名，如郑庄公出生时难产，即名"寤生"（逆生），孔子的儿子出生时适逢鲁昭公以鲤鱼赠孔子，即名其子曰"鲤"等。还有在命名中体现某种美好愿望的，如去病、弃疾、无忌、无伤、不害等，也很常见。

古人的字是由冠礼上的来宾（父亲的朋友）所取。古代男子20岁要行冠礼（女子15岁行笄礼），结发加冠，作为成年的标志。而加冠的同时便要取字。"字"的本义是抚育的意思。《说文解字》："字，乳也。"古代男子要到20岁才能结婚，才能有资格养育子女，故古人取字一定要跟冠礼同步，而字与名在意义上又有着各种各样的联系。有意义相同的，如屈原名平字原，班固字孟坚，陆游字务观等；有意义相辅的，如仲由字子路，白居易字乐天，辛弃疾字幼安等；也有意义相反的，如韩愈字退之，朱熹字元晦，赵孟頫字子昂等。还有取自古书中的成语和成词的。如曹操字孟德，名字皆来源于《荀子·劝学》："德操然后能定。"赵云字子龙，名字皆来源于《周易·文言》之"云从龙，风从虎。"清代书法家刘墉字崇如，名字皆来源于《诗经·周颂·良耜》之"其崇如墉"。

《颜氏家训·风操》说："名以正体，字以表德。"故古代男子取字后，除父母、师长、君主可以继续称名外，其他人便只能称字了，直呼其名被认为是不礼貌的。

古人的号又称别号，是一种固定的别名，一般由本人自取，故又称自号。号在意义上与名没有什么联系。古代文人多半有别号，这种别号或与所居之地有关，如陶渊明号五柳先生，李白号青莲居士，王安石号半山，苏轼号东坡居士，蒲松龄号柳泉居士，郑燮号板桥等；或以个人意趣自号，如葛洪自号抱朴子，杜甫号少陵野老，陆游号放翁，赵孟頫号松雪道人，唐寅自号六如居士，朱耷号八大山人，鲍廷博号知不足斋主人等；或以己所珍藏为号，如欧阳修号六一居士（一万卷书、一千卷金石文、一张琴、一局棋、一壶酒，共一老翁），米芾号宝晋斋（藏王羲之古砚），金农号二百砚田富翁，阮元号九十八砚斋等；或以形貌特征自号，如元代郑元祐因右手病废自号尚左生，明代祝允明因枝指自号枝山等；或以所喜之物自号，如徐渭号青藤道士，陈洪绶号老莲等。

两个字的号在应用上与字差别不大，人们也习惯将姓与号连称，如陆放翁、陈老莲、郑板桥等。三个字以上的号则往往被压缩成两个字，以便与姓连称，如李青莲、杜少陵、苏东坡、赵松雪、蒲柳泉等。

文人自号之习，从古代一直延续至近代。近代不少文人学者也都有号。如王国维号观堂，罗振玉号雪堂，董作宾号彦堂，郭沫若号鼎堂。由于他们四人在甲骨文研究中都做出了卓越的贡献，故又被合称"四堂"。此外，像王力号龙虫并雕斋，俞平伯号古槐书屋，沈尹默号秋明室，于省吾号泽螺居，冯友兰号三松堂，郭绍虞号照隅室等，也都是比较有名的自号。

古人的尊称与谦称

古人有尊称与谦称，是人际交往必须遵行的准则，也是促进人际和谐的重要一环。其中有些称呼在今天仍被遵循着。

古人自称要称名，以示谦虚。不能称字，因为"名以正体，字以表德"，称字就变成"表德"了，不符合中华民族谦逊的美德。所以某些电视剧中出现的"我孔明""我张益德"之类的自称，都是违背历史真实的。像孔子这样的大圣人也称名。如《论语·微子》记孔子的话："天下有道，丘不与易也。"《论语·乡党》记孔子的话："丘未达，不敢尝。"都是自称"丘"，而从不称"仲尼"。诸葛亮也自称"亮"，如他面对张昭的推荐时说："孙将军可谓人主，然观其度，能贤亮而不能尽亮，吾是以不留。"（《三国志·诸葛亮传》裴注引《袁子》）所以翻遍《三国志》，也不见有诸葛亮自称"孔明"、张飞自称"益德"的记载。再如《史记·太史公自序》记司马迁自述："迁生龙门，耕牧河山之阳。"《汉书·苏武传》记苏武的话："武父子无功德，皆为陛下所成就。"司马迁与苏武也都自称名。

古人对平辈或尊辈则要称字，以示尊敬。如《论语·子路》之"子路问政""樊迟请学稼""子夏为莒父宰"，对孔子弟子仲由、樊须、卜商皆称字。这是由于《论语》的编纂者为孔子弟子或再传弟子的缘故。再如《汉书·苏武传》记李陵对苏武言道："单于闻陵与子卿素厚，故使陵来说足下。"李陵自称曰"陵"，而对老朋友苏武则称其字"子卿"。还可以举诸葛亮的例子。诸葛亮答关羽书曰："孟起兼资文武，雄烈过人，一世之杰，黥、彭之徒，当与益德并驱争先，犹未及髯之绝伦逸群也。"诸葛亮称马超为"孟起"，称张飞为"益德"，也都是称字。古代称呼别人，只有三种情况可以直呼其名：一是父辈称子侄，二是老师称学生，三是君主称臣子。如陶渊明之《与子俨等疏》、杜甫之《宗武生日》《又示宗武》，皆是父称子之名；而孔子之"求，尔何如""赤，尔何如""点，尔何如"（皆见《论语·先进》），则是老师称学生之名，被称者为冉求，公西赤、曾点。至于乾隆皇帝称"张廷玉、讷亲若果擅威福，刘统勋必不敢为此奏"（《清史稿·刘统勋传》），又是君主称大臣之名了。还有，当双方处于敌对状态时，彼此间亦往往呼名而不称字，甚至会出现对骂的情形，这又另当别论了。

在尊称方面，除称字外，平辈间一般还于字下加足下、阁下、仁兄、先生或公等以称之。称对方的亲属，又常于称谓前加"令"字，以示尊敬。如令尊（严）、令堂、令兄、令叔、令郎（令公子）、令爱（令媛）、令亲家、令夫人等。称自己的老师则曰师、先生、夫子；称自己的同学则曰学长兄、砚兄、师兄；称自己的学生则曰弟、君、生等。而对外人称自己的亲属，于长辈及兄长则会加一个"家"字，如家父（家严）、家母（家慈）、家叔、家兄等；于晚辈及弟侄则会加一个"舍"字，如舍弟、舍妹、舍侄等。有时也称自己的儿女为小儿、犬子、小女等。

这些都是谦称。对外人称自己的配偶也应是谦称。如称妻子曰内人、内子、贱内、拙荆等，称丈夫曰外子、良人、夫君等。

但值得注意的是，谦称只能由自己来称，别人不能称。倘有谁别出心裁地称别人的父亲为"你家父"，称别人的妻子为"你内子"，称别人的丈夫为"你外子"，那只会令人反感。同样，尊称也只能由别人来称，自己不能称。倘有谁对外人称自己的父亲为"我令尊"，称自己的儿子为"我令郎"，称自己的妻子为"我夫人"，也会贻笑大方。现在常见有些人在社交场合介绍自己的妻子说："这是我夫人。"殊不知"夫人"是一种尊称，古代只有一、二品官员的妻子才可称夫人，一般人是不能称的。

此外，还有一些称号也含有敬意，如称官爵、地望以及称弟子或后学所上的尊称等。

唐宋以后，人们以为称字、称号还不足以表示尊敬，于是开始称官爵。如称蔡邕为蔡中郎，嵇康为嵇中散（中散大夫），陶渊明为陶彭泽（彭泽县令），鲍照为鲍参军，杜甫为杜工部或杜拾遗，王维为王右丞，柳永为柳屯田（屯田员外郎），王安石为王荆公（曾封荆国公）等。

地望是指某姓世居某地，并为当地所仰望之义。古人所称的地望，有的是出生地，有的是祖籍，还有的是该姓的发源或兴旺之地。如称韩愈为韩昌黎（世居昌黎，宋时又追封为昌黎伯），柳宗元为柳河东（今山西永济），王安石为王临川（江西临川），汤显祖为汤临川，刘统勋为刘诸城等。甚至连宋朝，也有人称之为"天水一朝"（天水为赵姓发祥地）。直到近代，这类称呼还常常可以听到。如称张之洞为张南皮（河北南皮县），袁世凯为袁项城（河南项城），段祺瑞为段合肥，康有为为康南海等。晚清时曾有人戏称"南皮有学无术，项城有术无学"，说的便是张之洞与袁世凯。

所谓弟子或后学所上尊称，是指某些学者或在学术界有较大影响的人物去世后，弟子或后学为表示尊重，不忍称名，往往另取一些专门的称呼。这些称呼可能与学者生前所居之地有关，但又不是郡望。如称张载为横渠先生，周敦颐为濂溪先生，程颢为明道先生，程颐为伊川先生，陆九渊为象山先生，王夫之为船山先生，顾炎武为亭林先生，黄宗羲为梨洲先生，孙奇逢为夏峰先生等。这些称呼多是约定俗成的，在学术界十分流行。

此外，在唐宋词人中，因作品的某一句为同行所赞赏，也有将名句与作者的姓或官职连称的。如张先被称为"'云破月来花弄影'郎中"，宋祁被称为"'红杏枝头春意闹'尚书"，贺铸因"梅子黄时雨"之句而被称为"贺梅子"等皆是。这也是一种敬称，不过已由敬意而生雅趣了。

唐代诗人李贺为何不能考进士

唐代著名诗人李贺号称"诗鬼"，与诗仙李白、诗圣杜甫以及"诗佛"王维齐名。据说毛泽东同志喜欢"三李"的诗，其中一"李"便是李贺（另外两位是李白与李商隐）。其著名诗篇《雁门太守行》《李凭箜篌引》等流传千古，至今脍炙人口。但就是这样一位才华横溢的诗人，在科举盛行的唐代，却终生都不能考进士，这是为什么呢？事情还得从古代的避讳制度说起。

所谓避讳，就是不直接称君主或尊长的名字，凡遇到与君主、尊长名字相同的字，便采用一定的办法进行回避。历代避讳的方法大致有以下几种：

一是改字。古代凡遇到与君主或尊长名字相同的字，即改用同义或近义字。这种方法最为普遍。如汉高祖名邦，即改"邦"为"国"；汉文帝名恒，改"恒"为"常"；汉景帝名启，改"启"为"开"；汉武帝名彻，改"彻"为"通"；唐太宗名世民，改"世"为"系"、改"民"为"人"；唐高宗名治，改"治"为"理"；清圣祖名玄烨，改"玄"为"元"、改"烨"为"煜"等。这是避君讳。

此外，古人还要避家讳。如淮南王刘安父名长，便改"长"为"修"；苏轼祖父名序，苏洵改"序"为"引"，苏轼又改"序"为"叙"等。

也有不取同义或近义词而径直改为"同"者。如《史记·赵世家》记："（赵）襄子惧，乃夜使相张孟同私于韩、魏。"《史记索隐》注："按《战国策》作张孟谈。谈者，史迁父之名，迁例改为'同'。"这就是说，司马迁凡遇到与自己父亲司马谈名字相同的字，即一律改为"同"。

二是改读。这种方法用得较少。如秦始皇姓嬴名政，为防与"政"同音，便读"正"为平声，音zhēng，于是夏历的正月便读为zhēng月。又如孔子姓孔名丘，封建时代的读书人在读到孔子名字的时候，也往往要回避"丘"字的读音，而读"姓孔名某"。

三是缺笔。即遇到该回避的字少写一笔。如将孔丘的"丘"字写成"斤"，李世民的"世"字写成"卋"，宋真宗赵恒的"恒"字写成"恒"，玄烨（康熙）的"玄"字写成"玄"，弘历（乾隆）的"弘"字写成"弘"，"历"写成"厤"等。

四是空字。如唐代避李世民讳，便将徐世勣改为徐勣（后又改为李勣），将王世充改为王充等。

上古不讳嫌名，对于音同或音近而形不相同的字可以不避。三国以后，嫌名也要避了。隋文帝杨坚父名忠，便改"侍中"之官为"内史"。甚至自己的官职名称也不能与祖讳相犯。如父、祖名"中"便不能做"中书令"，父、祖名"尚"便不能任职尚书省，父、祖名"扬"便不能做扬州太守，父、祖名"华"便不能做华阴县令等。如有隐瞒，一经查出，还要处分。而李贺的父亲名晋肃，因进士的"进"与"晋"同音，依当时的避讳制度，当然就不能考进士了。所以在唐宪宗元和五年

（公元810年），21岁的李贺参加完河南府试并以优异的成绩准备赴京参加进士考试时，排挤他的人便以"父名晋肃，子不得举进士"为由（见韩愈《昌黎先生集·卷十二·讳辩》），使他无法应试，从而堵塞了他的仕进之路。虽有大文豪韩愈为之辩解，也无济于事，可见唐代避讳制度之严。此后，李贺便只能做一些低微的小官，心情抑郁，最终以27岁的英年早逝，成为中国避讳制度的牺牲者。

避讳制度的危害尚不止于此。由于避讳，还造成了语言上的混乱，从而为后人阅读古书带来了不少麻烦。后人在阅读某个时代的书籍文章之前，必须先明了当时的避讳制度，然后才能知道某些词语本来的字是什么。如韩愈《送李愿归盘谷序》之"理乱不知"实即"治乱不知"，柳宗元《捕蛇者说》之"观人风者"实即"观民风者"等等。更为严重的是，某些朝代所刻的古书，为了避当世之讳，竟连古代的一些人名、书名乃至词语都改了，令人啼笑皆非。如汉代人的书中将禹的儿子启改成开，将微子启改成微子开，将田恒改成田常，将蒯彻改成蒯通，庄助改成严助（避汉明帝刘庄讳）。汉乐府中有《昭君怨》等诗，晋代郭茂倩编写《乐府诗集》时，为避司马昭讳，便将昭君改成明君（又称明妃），直到宋代王安石作《明妃曲》仍沿用之。唐人的书中将先秦时期的著作《世本》改为《系本》，将《史通》的作者刘知几改成刘子玄（避李隆基讳而改称字）。宋代，甚至连人们常吃的蒸饼，也因避宋仁宗赵祯讳而改称炊饼，《水浒传》中武大郎所卖的炊饼实即蒸饼，亦即馒头。到了清代，不但将王士禛改成王士正（避雍正帝讳），将刘子玄又改成刘子元，而且凡古书中常见的"玄鸟""玄武""玄黄"中的"玄"字，也一律改为"元"字。更为可笑的是，袁世凯当皇帝后也下令将元宵改为汤元。

这些被改过的字，经过改朝换代之后，有些又被改了回来，有些则尚未改。到底哪些是改过的，哪些是没有改过的，又成了校勘学上的一大难题。如《离骚》

"民生各有所乐兮，余独好修以为常"，其句中的"民"字原本作"人"，有人便以为"人"字是避李世民讳而改，于是又将它恢复成"民"字，殊不知此字唐人并未改过。《离骚》中像这类"人"改"民"、"民"改"人"的事例很多，有些连专门的校勘学者也难以判定。

古代因为避讳也闹出过一些笑话，宋代的田登便是一例。据陆游的《老学庵笔记》记，田登作郡守时，"自讳其名，触者必怒，吏卒多被榜笞。于是举州皆谓'灯'为'火'"。他手下的吏人为了报复他，便借上元放灯之际，写出一则"本州依例放火三日"的告示，同他开了一个大大的玩笑。这就是成语"只许州官放火，不许百姓点灯"的由来。很多人以为这是陆游虚构的一则故事，实则田登实有其人，他为官的地方就在宋州，北宋名南京，即今天河南的商丘，时当宋徽宗政和年间（公元1111年—公元1118年）。据宋庄季裕的《鸡肋篇》说，告示出后，田登即遭言官检举而被罢官。

至于有人试图从避讳的角度去索解古诗创作中的一些现象，如谓屈原之不咏梅与杜甫之不咏海棠，均与其母亲的小字有关，则有点近乎戏说了，更不足为训。

辰篇　社交礼仪

古人的座次与坐具

古代朝廷、讲堂皆以南面为尊。君主坐北朝南，即所谓"南面称王"；大臣面北参见君王，即所谓"北面称臣"。老师南面授课，学生北面受学。

汉代以前，住房一般是堂室结构，即堂前室后。堂有似后来的戏台，前面并不封闭，只有东西两根楹柱。堂后有墙，与室相隔。室的东面开门，称为户；西面有窗，称为牖。堂是祭祀、行礼及待客场所，不住人，故堂上以南面为尊。而室中则以东向为尊，如"鸿门宴"中的座次就是如此。《史记·项羽本纪》记："项王即日因留沛公与饮。项王、项伯东向坐；亚父南向坐——亚父者，范增也；沛公北向坐，张良西向侍。"这一次的宴会是在军帐中举行的，故座次的规矩应等同于室内。但项羽却不顾礼仪，自己坐了东向的尊位，只让来宾刘邦坐了北向的三号位置，让张良居于西向的侍者位置。这种坐法便足以表现出项羽的傲慢与自大。而韩信则与项羽相反，对于被俘的广武君李左车，"信乃解其缚，东向坐，西向对，师事之"（《史记·淮阴侯列传》），表现出虚心求教的态度。汉以后会见宾客，一般也是宾在西（右）、主人在东（左），即所谓"东家""西宾"。古人所谓"分宾主坐下"，就是这样的坐法（客在主之右首）。今天也是同样。例如国家领导人接见外宾，外宾都在领导人的右首落座。倘非如此，便是失礼。

古人车上座次的排列略有不同。古代为马车，故御者居中，主帅居左，警卫居右（又称车右）。因御者左手并辔，右手挥鞭，故须居中。今之轿车，则司机旁是保镖位置，司机后是首长位置，保镖后面是秘书位置。

至于左右位置的尊卑问题，则不同的时代又有不同的规定。周代，诸侯朝见天子，其座次以左为尊；到了战国，又转以右为尊。如《史记·廉颇蔺相如传》中便说："既罢归国，以相如功大，拜为上卿，位在廉颇之右。"秦至西汉仍是右尊、左卑。《史记·陈丞相世家》记："孝文帝乃以绛侯（周）勃为右丞相，位次第一；（陈）平徙为左丞相，位次第二。"东汉至唐宋，座次基本上以左为尊，这种情况一直持续至南宋末。元朝曾一度以右为尊，但到了明初，又恢复了以左为尊的习俗。早在朱元璋即皇帝位的前一年（公元1637年）十月，即"令百官礼仪尚左。改李善长左相国，徐达右相国"（《明史·太祖本纪》）。清代仍是尚左，其六部中的左侍郎较右侍郎地位为高。此后，这种尚左的习俗便一直延续到了今天。例如二人同坐，尊者通常居于左边。倘是三人以上同坐，则尊者要居中，而其左为二号，右为三号。余以此类推。至于室内宴会，则仍保持着主陪之右为上座的礼宾习俗。

至于坐具，古人最早直接坐在席上，甚至连宴会也是在席上举行的（故后世称参加宴会为"赴席"），故无专门的坐具。其坐法是臀部与脚跟接触（日本、韩国至今保留此种坐法），称为"居"。而上身挺直，则称为"启"或"跪"。故《诗经·采薇》称"不遑启居，狁之故"，意思是说没有时间坐下来休息，都是因为要跟狎犹作战的缘故。大致自先秦以至西汉，都是这样的坐法。

胡床

东汉后期，胡床自胡地传入。胡床是一种可折叠的轻便坐具，即所谓"施转关以交足，穿便绦以容坐，转缩须臾，重不数斤"（宋陶穀《清异录》），类似后世的马扎。有了胡床后，人们便无须席地而坐了，而且坐起来双足垂地，也比较舒服，一时间胡床、胡坐成为风尚。《后汉书·五行志一》记："灵帝好胡服、胡帐、胡床、胡坐……京都贵戚皆竞为之。"

到了魏晋及隋唐，胡床更加普遍。如曹操在行军途中休息时便坐于胡床（见《三国志·魏书·武帝纪》裴松之注引《曹瞒传》）。西晋的戴渊少时游侠，尝"在岸上据胡床指麾左右，皆得其宜"（《世说新语·自新》）。东晋的庾亮也是"据胡床与诸人咏谑"（《世说新语·容止》）。直至唐代诗人杜甫，仍是"几回霑叶露，乘月坐胡床"（《树间》）。白居易《咏兴》中也咏道："池上有小舟，舟中有胡床。"

胡床后来又加了靠背，称交椅或交床，俗称"逍遥座"。据宋陶穀《清异录》（三）所记，相传唐明皇行幸频多，欲息则无以寄身，于是其从臣遂在胡床上安装了靠背，"当时称逍遥座"。此为胡床改交椅之始。唐宋时，因贵族、官员外出常常携带这种椅子，故交椅遂成为身份的象征，连梁山好汉们也以坐交椅为荣。又据宋张端义《贵耳集》（下）说，南宋京尹吴渊为奉承宰相秦桧，又设计出荷叶托首，遣匠者添于胡床之上，遂号曰"太师样"。再后，胡床底部固定，又加扶手，遂成为今天的太师椅。可见，所谓太师椅，乃是南宋以后始有的坐具。今天，有些电视剧中出现汉唐人坐太师椅的镜头，便违背了历史事实。

　　古代坐具中，除胡床外，还有榻。东汉刘熙《释名·释床帐》云："人所坐卧曰床……长狭而卑曰榻。"是所谓"榻"，乃一种狭长而低的类似床的用具。榻可坐可卧，较胡床更加舒适，但又不同于睡觉时所用的床。它比较轻便，甚至可以悬起。《后汉书·徐稺传》记东汉的豫章太守陈蕃曾为南昌高士徐稺（字孺子）"特设一榻，去则悬之"。唐代王勃《滕王阁序》中的"徐孺下陈蕃之榻"即指此。三国时的管宁则五十余年"常坐一木榻"，"其榻上当膝处皆穿"（《三国志·魏书·管宁传》裴松之注引《高士传》）。至于宋太祖所说的"卧榻之侧，岂容他人鼾睡"之"榻"（宋岳珂《桯史·徐铉入聘》），也应是这种坐卧两用的器具。此后直至明清，榻仍是有些文人、士大夫的坐卧用具，只是有些已被改造成更加舒适的罗汉床了。

古代的会客之礼

　　会客之礼是社交礼仪的重要组成部分。现按照做客时间的先后，将《礼记》中有关会客的规定逐条加以介绍：

　　将上堂，声必扬。户外有二屦，言闻则入，言不闻则不入。（《礼记·曲礼上》）

　　这是说，在进入主人家的大门时，必定要先发出一种声音，以让主人知道来客人了。古人多半是用清嗓子的方式以让主人闻知，如京剧舞台上所表现的那样。决不能无声无息地闯到别人家里，去做不速之客，那是很不礼貌的。今天则可以通过敲门或按门铃的方式告诉主人有客人来到。又，古人一般脱屦（即鞋子）于户外，唯长者可脱屦于内。户外既有二屦，则并户内之长者，共三人矣。三人所言而不闻于外，必是密谈，故外人不宜妄入也。

　　将入户，视必下。入户奉扃，视瞻毋回。户开亦开，户阖亦阖。有后入者，阖而勿遂。（《礼记·曲礼上》）

这是说进门时视线应往下，不能举目，以免给人造成趾高气扬的感觉。进门时还要两手放在胸前，不可随意摆动。看东西也不要目光来回游移，以防干人之私。门原来是开着的仍要开着，原来是阖着的仍要阖着，必须尊重主人的习惯。最后一个进门的也不要把门关死，以示不拒绝后面的来客。

凡与客入者，每门让于客。客至于寝门，则主人请入为席，然后出迎客。客固辞，主人肃客而入。（《礼记·曲礼上》）

所谓"让于客"，就是让客人先入。但是到了寝室门口，主人则要先进去收拾一下（象征性的），然后再让客人进入，以示对客人的尊重。清代大臣在参见皇帝时往往先要象征性地掸一掸衣袖，也是这个意思。如客人不肯先入，那么主人就肃拜以请，一同进入。

室中不翔，并坐不横肱。授立不跪，授坐不立。（《礼记·曲礼上》）

行而张拱曰"翔"，即两只胳膊像鸟的翅膀一样上下翻动，这样的动作在室内是不允许的。"横肱"即将两只胳膊横过来，一人占两个人的地方，这样就会妨碍并坐者，也是不礼貌的。古人一般席地而坐，坐时脚后跟与臀部接触，称为"居"；如上身挺直，则称为"启"或"跪"。进门后，主人让你坐下，你就不要站着了，这样既比较舒服，也是尊重主人的意愿。此时千万不要故作客套，说什么"我站着就行了"，那样会让主人不高兴的。俗话说"站客难待"，便是这个意思。

将即席，容毋怍，两手抠衣去齐尺。衣毋拨，足毋蹶。先生书策琴瑟在前，坐而迁之，戒勿越。虚坐尽后，食坐尽前。（《礼记·曲礼上》）

就座时应注意自己的容仪，不要有愁眉苦脸的样子。两手应将长衣轻轻撩起至离地一尺而坐，以免不小心踩到自己的衣服而摔倒。还要整理好前面的衣襟，勿使披散。坐下后脚也不要抖动，那样会失容。倘遇先生的书籍琴瑟在前面，千万不要跨越，应坐下后再跪而迁移之。虚坐尽量往后，表示谦虚；吃饭时尽量靠前，以防饭渣弄脏了席子。

毋侧听，毋噭应，毋淫视，毋怠荒。游毋倨，立毋跛，坐毋箕，寝毋伏。敛发勿髢，冠毋免，劳毋袒，暑无褰裳。（《礼记·曲礼上》）

侧耳以听非但不恭，而且易生刺探别人隐秘之嫌。"噭应"即大声呼叫，"淫视"即目不转睛地看某一件东西，"怠荒"谓容止放纵，这些都有违礼仪。还有，在室内走动时不可表现出倨傲的样子，站立时不可偏任一足（即稍息状），坐时不可两腿向前状如簸箕。还要把头发收敛好，勿使披散。而且古人的冠不同于帽子，它是成年男子的标志，故不可以随便免冠。做客时不要袒胸，大热天也不要把下身的裳（秦汉之前男女皆着裳）撩起来。

请业则起，请益则起。父召无诺，先生召无诺，唯而起。（《礼记·曲礼上》）

会客期间，无论向老师请教学业还是向他人请教问题，都应该上身挺直，表示敬意。倘遇父亲或老师召唤，也不要慢条斯理，光答应不行动，而应当说"是"，同时上身挺直。"诺"仅是漫应之，"唯"则是照办的意思，两者有所不同。

毋抟饭，毋放饭，毋流歠。毋咤食，毋啮骨，毋反鱼肉，毋投与狗骨。毋固获，毋扬饭。饭黍毋以箸。毋嚃羹，毋絮羹，毋刺齿，毋歠醢。客絮羹，主人辞不能亨。客歠醢，主人辞以窭。（《礼记·曲礼上》）

"抟饭"即使劲盛饭，"放饭"谓食而无节，"流歠"即饮之而流于外，皆为不雅的吃相，应该避免。"咤食"谓以舌口中作声，会被主人当作饭食不可口，故吃饭时不可发出声音。"啮骨"即啃骨头，古人认为在宴会上啃骨头形象不佳，且

会客

易发出声音，也不要这样做。自己吃过或夹过的鱼肉不要再返回盘子里去，那样很不卫生。也不要把吃剩的骨头扔给狗，那是贱主人之物，且两狗相争会影响人的情绪。"固获"谓必欲取之，即几次三番地要取得某一块食物，这会给人留下贪得的形象，夹菜时不可如此。"扬饭"谓以手散其热气，急欲求食之状，也是要不得的。"嚃"即尝，"絮"即调，对于主人端上来的羹（古代的羹里面是有肉或菜的），客人不宜先尝或随便加以调和，甚至说三道四。如有的客人不自觉，提出不合理的要求，则主人便以不能烹饪为辞婉拒。"醢"即肉酱，古代宴席上一般是不上肉酱的，这是因为子路死后曾被剁为肉酱，此后孔子便不再食肉酱的缘故。若客人提出要歠醢，则主人可以贫困乏味为辞拒绝。至于在席间"刺齿"（即剔牙），古人一直以为是不雅的，更不要有这样的举动。

共食不饱，共饭不泽手。（《礼记·曲礼上》）

尊客之前不叱狗。让食不唾。（《礼记·曲礼上》）

共食而求饱，非谦让之道也。"共饭不泽手"是说与人一起吃饭，手上不可有汗泽（即脏手），因为古时吃米饭是用手抓，颇似今天新疆的抓饭，如果手脏了，别人会讨厌的。中国人到了汉代才开始普遍使用箸，即筷子。尊客之前叱狗，会引起客人多心，应避免。主人让吃的食物不要唾弃，否则会有鄙恶主人馈食之嫌。

燕侍食于君子，则先饭而后已。（《礼记·少仪》）

侍坐于君子，君子欠伸，撰杖屦，视日早暮，侍坐者请出矣。（《礼记·曲礼上》）

"先饭"即先尝食，并以此劝客人进餐。"后已"即最后停止，无论有多少客人，也无论客人进食的速度如何慢，主人总应该是最后一个吃完的。切不可在客人吃完之前，自己先放下碗筷，弄得客人很不好意思。倘是做客于有一定身份、地位和学问的"君子"之家，则看到"君子"有下列举动之一者，即应告辞：一是"欠伸"，即伸懒腰，这说明主人已经累了，不能再继续陪客了。二是"撰杖屦"，即摸拐杖，找鞋子，这说明主人有事要外出。三是"视日早暮"，即看看太阳到什么时候了，犹如今日的看表，这说明会客时间长了，主人已有厌倦之意。

这些规定，有的虽已过时，但其中不少内容对今人的会客礼仪仍有一定的参考意义。

古代的乡饮酒礼

中国古代有一种以尊贤敬老为宗旨的乡饮酒礼。《周礼·地官·乡大夫》曰："三年则大比，考其德行、道艺，而兴贤者、能者。乡老及乡大夫帅其吏，与其众寡，以礼礼宾之。"乡大夫为周代一乡的行政长官，其职掌之一，便是在三年一次的"大比"中，考察该乡人的德行、道艺，荐举那些品德好和有才能的人。届时乡大夫率领所属的官吏和良善的乡民，以礼接待被荐举的人并表示敬意。这里的"礼"，据汉代郑玄说，便是"乡饮酒之礼"（《周礼·地官·乡大夫》郑玄注）。

乡饮酒礼在汉代仍被奉行。东汉光武帝建武三年（公元27年），大司徒伏湛上书奏行乡饮酒礼，遂施行之。到了明帝永平二年（公元59年），全国的郡、县、道普遍行乡饮酒礼。时间是十月，地点在各级学校，与祭祀圣师周公、孔子之礼同时举行（见《后汉书·礼仪志》）。隋代，国家于国子寺举行乡饮酒礼，州、郡、县则在当地学校举行，都是每年一次（《隋书·礼仪志》）。唐贞观六年（公元632年）七月，太宗"诏天下行乡饮酒"，而且在科举取士实行以后，每岁仲冬，考生于州县试毕，地方长官便以乡饮酒礼招待他们，并于礼会上"歌《鹿鸣》之诗，因与耆艾叙长少焉"（《新唐书·选举志》）。宋代乡饮酒礼亦在贡士之月，以地方长官为主人，以学校中的上舍生当贡者（即将参加省试或殿试者）与州之群老为众宾，以礼饮酒。南宋宁宗庆元中（公元1195年至公元1200年），朱熹曾依据《仪礼》对乡饮酒礼进行改定，对主、宾、僎、介之位及其仪式作了明确规定，后世遂尊用之。

明代于洪武五年（公元1372年）诏礼部奏定乡饮酒礼仪，由有关部门的官员与学官率士大夫之老者行于学校。民间里社也同时举行，并命"有过之人俱赴正席立听"。洪武十六年（公元1383年）又颁发《乡饮酒礼图式》于天下，规定每年的正月十五日和十月初一日于儒学举行此礼。（以上见《明史·礼志十》）

清代沿用明制，亦于孟春望日及孟冬朔日在学宫举行乡饮酒礼。乾隆时，曾删削了礼仪的一些繁缛环节，并对整个仪式作了统一规定，此后乡饮酒礼遂一直持续至清末。清代，地方乡饮酒礼的费用由公家提供，只是到了道光末叶以后，因军费紧张，始改由地方筹办。

乡饮酒礼的仪式，虽历代略有变化，但基本都依《仪礼·乡饮酒礼》的规定，至明、清形成定式。参加仪式的人员主要有主、宾、僎、介。一般以致仕官员为大宾，位西北（最尊贵的位置）；齿德兼优者为僎宾，位东北；再次为介宾，位西南。宾之次为三宾，位于宾、主、介、僎之后。府、州、县官为主人，位东南。此外尚有司正（主持人）一人，由学校教官任之；赞引、读律各二人，由生员任之。届时主人先率僚属来到学校迎宾，并按主东宾西的位置坐定，相向行礼。礼毕，宾主起立，先由司正致辞，辞曰："恭惟朝廷，率由旧章，敦崇礼教，举行乡饮，非为饮食。凡我长幼，各相劝勉。为臣尽忠，为子尽孝，长幼有序，兄友弟恭。内睦宗族，外和乡党。毋或废坠，以忝所生。”再由赞读律令，曰：“律令：凡乡饮酒，序长幼，论贤良，别奸顽。年高德劭者上列，纯谨者肩随。差以齿。悖法偭规者毋俾参席，否以违制论。敢有哗噪失仪，扬觯者纠之。”（致辞及律令皆据《清史稿·礼志》）读毕，由赞宣布“供馔”“献宾”，然后由主事者授主人以爵，而主人依次将爵置于宾、僎之席。执事者亦举馔案至宾前。赞再唱“饮酒”，于是宴饮便开始了。一般酒至三五巡，汤至三品后，便“彻馔”了。此时在座者都要起立，僎、主、僚属居东，宾、介居西，皆再拜。待到赞唱“送宾”，乃各三揖退出，主人送之门外。

乡饮酒礼的目的是为了尊贤敬老，内睦宗族，外和乡党，从而纯化社会风气，故于宾、僎的遴选极为严格。清代，宾、僎的候选人必须由州、县儒学详细具文上报本省督抚，再由省上报礼部审批。被批准后，有的还颁给“司照”，以为凭证。凡充任过乡饮酒礼宾、僎的人都会感到非常荣耀，连亲朋也设宴庆贺。如蒲松龄于康熙四十九年（公元1710年）七十一岁时被举为乡饮介宾，酒礼后，即作诗以纪之。钱大昕于嘉庆元年（公元1796年）六十九岁时被举为乡饮大宾，不但自己“首唱四诗”，而且“戚友咸相称颂”（《竹汀居士年谱续编》）。历代方志中对被举为乡饮大宾及介宾、众宾者也多有记载。

王杖示意图

除乡饮酒礼外，中国古代的敬老之举还有王杖制度。早在周代，官方即在仲秋之月“养衰老，授几杖，行糜粥饮食”（《礼记·月令》）。《后汉书·礼仪志》更明确记载：“年始七十者，授之以王杖，铺之以糜粥。八十九十，礼有加赐。王杖长九尺，端以鸠鸟为饰。鸠者，不噎之鸟也，欲老人不噎。"1959年，在武威磨嘴子东汉墓中出土了鸠杖实物及王杖简。1981年在同地出土了《王杖诏书令》，其中说："高皇帝以来，至本始二年，朕甚怜耆老，高年授王杖，上有鸠，使百姓望之，比于节。吏民有敢骂、詈、殴、辱者，逆不道。"并明确规定："年七十以上，授王杖，比六百石。"这就是说，七十岁以上的老人所持的王杖，具有与官府符节一样的效力，并可享受略低于县令（七百石）的待遇。唐代，高年赐鸠杖的做法仍在实行。《新唐书·玄宗纪》载："（开元二年）九月丁酉，宴京师耆老于含元殿庭，赐九十以上几杖，八十以上鸠杖。妇人亦如之，赐于其家。"直至清代，康熙、乾隆朝所举办的"千叟宴"，仍体现出敬老的习尚，而且与宴者也都有获赐鸠杖之荣。据《清稗类钞》记，乾隆五十年（公元1785年）正月初六所设千叟宴，"与宴者三千九百余人，各赐鸠杖"。今存辽宁省海城市尚王陵陈列室的一柄鸠杖，便是尚可喜曾孙尚玉德于乾隆五十年（公元1785年）参加"千叟宴"时所得，由其后人保存至今。

古代的乡饮酒礼及王杖制度，在促进人际关系尤其是官民关系和谐方面，曾产生过十分积极的效应，可惜清末以后便停止了。今日春节团拜会一类的活动，可否以古代的乡饮酒礼为借鉴，并延续其"尊贤敬老"的宗旨呢？

古代的射礼

《论语·述而》记孔子教导学生的话说："志于道，据于德，依于仁，游于艺。"这里的"艺"即"六艺"。《周礼·地官·保氏》曰："保氏掌谏王恶，而养国子以道。乃教之六艺：一曰五礼，二曰六乐，三曰五射，四曰五驭，五曰六书，六曰九数。"可见，早在周代，"六艺"就已经成为学子的必修科目了。而其中的"五射"即射箭的五种射法，之所以被列为学子的必修课，又当与古时的一种礼仪即"射礼"有关。

古代射礼有四种。一是大射，即天子、诸侯在郊庙之事时所举行的射礼；二是宾射，即诸侯相会或拜见天子时所举行的射礼；三是燕射，即平时宴居所举行的射礼；四是乡射，即乡大夫所举办的射礼。前三种射礼多于宴饮之后行之，乡射礼也常与乡饮酒礼同时举行。各种射礼虽规格不同，但射法是大体一致的：将射位设于堂上，将射靶即"侯"设于堂之正南三十丈远的地方，并设有计算成绩的算筹和"中"（盛放算筹的器具）。大射时，射靶由饰有熊、豹、麋、犴等不同图案的射布组成，国君射画有熊饰的射布，大夫射画有豹、麋饰的画布，士射画有犴饰的画布。乡射则仅以一布为侯。国君只要射中其中任何一块画布都算命中，其他人却要按不同的职别去射不同的画布，违者不计成绩。大射时，一般还要由大夫与大夫或大夫与士搭配组成"耦"（组）。耦分上耦、次耦、下耦，每耦有

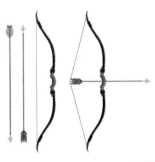

弓箭

上射、下射各一人。天子射礼用六耦，诸侯用四耦，大夫用三耦。乡射礼即由州学弟子六人配为"三耦"。此外，参加者还有主人、特邀嘉宾及众宾。

正式比赛时，将由上耦中的上射先射，下射跟进。上耦射罢，次偶、下耦依次继射。射手以四支箭为限。一般要比射三轮，即所谓"三番射"。第一轮是试射，不计成绩；第二轮是正式比赛，要放筹码（记录成绩）；第三轮则增加了音乐伴奏，只有应着鼓的节拍而射中靶心者才有效。（射礼仪节参彭林说）大射中，国君与主宾射完后便登堂回到筵席，然后由卿大夫接着射箭。乡射中，则主人与来宾或宾主之间也会组成"耦"，待"三耦"射毕，继续射之。全部比赛结束后，各"耦"与射箭的众人都要登堂，由负方向胜方行拱手礼，并饮罚酒，胜方则要还礼。至此，射礼便告结束。

可以看出，射礼既有调适人的心志与体能的功用，即所谓"心平体正"（《礼记·射义》），更重要的还是"观德行"（《礼记·射义》），即强调人的道德修养。这种"德"，一是指自身道德，即射不中只能从自身去找原因，只能严格要求自己，而不会怨天尤人。正如《礼记·射义》所说："射者，仁之道也。射求正诸己，己正而后发，发而不中，则不怨胜己者，反求诸己而已矣。"孔子也说："君子无所争，必也射乎！"（《礼记·射义》）二是指射礼过程中所体现出的礼

孔子观乡人射，见曲阜孔庙藏明代石刻《孔子圣迹图》

仪修养。从射前的彼此揖让，到射箭过程中的上下堂、取箭，再到射后的执爵饮酒，互相致意，所有环节都要表现出对对手的尊敬，都要依礼而行，即所谓"进退周还必中礼"（《礼记·射义》）。这样便可以养成一个人的君子品格。正如孔子所说："射有似乎君子，失诸正鹄，反求诸其身。"（《礼记·中庸》）也正因为"事之尽礼乐，而可数为以立德行者，莫若射"（《礼记·射义》），所以从周朝的太学直至孔子的私塾，都将射箭列为学生的必修课。而孔子本人也率先垂范。据《礼记·射义》记载："孔子射于矍相之圃，盖观者如堵墙。"

汉代射礼照常举行。据《后汉书·明帝纪》载，永平二年（公元59年）三月，明帝"临辟雍，初行大射礼"。唐代朝廷于每年的三月三日和九月九日两次举行射礼，地点在射宫。其礼仪基本依照《仪礼》，只是由皇帝初射，随后群官再射。宋代，太宗命礼仪部门草定射礼仪注，在苑圃中设射棚，举行射礼。参加射箭的人除皇帝外，还有太子、王公、大臣等。其时间也不固定。"凡游幸池苑，或命宗室、武臣射"。有时外国使臣来，"亦令帅臣伴，赐射于园苑"。直到南宋，射礼仍然不断。如孝宗乾道二年（公元1166年）二月四日，"车驾幸玉津园，皇帝射讫"，次命皇太子、臣僚等射。淳熙元年（公元1174年）九月，车驾幸玉津园，"命从驾文武官行宴射之礼"。（以上见《宋史·礼志十七》）

明太祖尤重射礼，并于洪武三年（公元1370年）制定大射礼仪。参加大射者除皇帝、太子、亲王及各级官员外，也有"文武官子弟及士民俊秀者"。太祖鉴于

"弧矢之事专习于武夫，而文士多未解"，遂诏告"国学及郡县生员皆令习射，颁仪式于天下，朔望则于公廨或闲地习之"。其官府学校射仪，略仿大射之式而有所简化。开始，射位距鹄约三十步，随后累加到九十步。射手仍是以四矢为限，以二人为耦。（以上皆见《明史·礼志》）正是在明太祖的大力提倡下，明代不少地方官员于射也身体力行。如著名清官杨继盛，虽"容仪秀雅"，却十分"善射"。在担任诸城县令期间，"暇日数诣演武场，集闾阎之壮者数百人教之骑射击刺。民有椎鲁不解者，公自引弓跃戈授之法"（万历《诸城县志》）。

清代射礼多在大阅及秋狝时举行。例如康熙十二年（公元1673年）阅兵南苑，大阅毕，康熙即命"树侯台上"，之后"亲发五矢，皆中的。复骑而射，一发即中"（《清史稿·礼九》）。一时传为佳话。

近代，射礼在中国虽未能保持，却传到了日本和韩国，并被称为"弓道"。弓道除了要求身、心和弓箭三者的和谐统一外，也特别重视对射手高尚品德的培养和礼仪风范的训练，在一定程度上可以说是中国古代射礼的延续。例如，韩国的《弓道九戒训》中就有"仁义德行""诚实谦逊""礼仪严守""不怨胜者"等内容。目前，韩、日的弓道协会会员众多，每年春秋都要进行射箭比赛。近年来，北京、深圳、香港、台湾等地也相继成立了弓道协会，并设有弓道场，在继承古代射礼文化方面进行了尝试。

今天，我们虽不必将射箭再纳入学生的必修课中，但射礼所体现出的中国传统文化精神，尤其是在人际交往中严于律己并善待他人的君子品格，却是永远可以砥砺国人的。

巳篇　婚姻

说"婚姻"

在中国，婚姻历来被称为"大事"。孟子云："男女居室，人之大伦也。"（《孟子·万章上》）《礼记·昏义》也说："昏礼者，礼之本也。"在人类社会的三大生产即物质生产、精神生产以及人类自身的生产中，婚姻不但是实现人类自身生产的唯一方式，而且与物质生产和精神生产有着密不可分的关系。如果没有人，物质产品和精神产品都无从谈起。正如《周易·系辞》所指出的："天地絪缊，万物化醇。男女构精，万物化生。"因此，要深入研究中国古代文化，婚姻便是一个十分重要的课题。

先来说说中国古代"婚姻"概念的几次主要演变。

"婚姻"的本义是青年男女于黄昏之时的相亲相爱。"婚"的本字为"昏"（"三礼"中"婚"字皆作"昏"），即黄昏之义。"姻"同"因"。魏张揖《广雅·释诂》："婴、婷、因、友、爱，亲也。"是故"婚姻"的本义即青年男女相爱于黄昏之时。《诗经·陈风·东门之杨》对此曾有过生动的描绘：

东门之杨，其叶牂牂。

昏以为期，明星煌煌。

东门之杨，其叶肺肺。

昏以为期，明星晢晢。

诗歌写一对青年男女约定于黄昏之时，在陈国（今河南淮阳）东门外的杨树下相会。但不知什么原因，只有一方先到，另一方直到明星（即金星）大亮了还未出现。这种情人们在黄昏之时约会的习俗，直到后代仍很常见。欧阳修《生查子》"月上柳梢头，人约黄昏后"，所描写的便是此种情景。

但随着社会的发展和一夫一妻制的确立，婚姻由自由结合而变为经"父母之命""媒妁之言"来完成。于是青年男女于黄昏之时随意幽会的习俗便不再为礼教所认可了。而只有当男女双方都达到一定年龄（男三十岁、女二十岁）还未婚嫁者，才由朝廷安排一段专门的时间即"仲春之月"，让他们去自由恋爱，从而达到繁殖人口的目的。《周礼·地官·媒氏》记：

中春之月，令会男女，于是时也，奔者不禁。若无故而不用令者，罚之。司男女之无夫家者而会之。

再后，这种自由恋爱的时间又由一个月而被压缩至一天，即三月上旬的第一个巳日，遂形成了中国民俗中的上巳节。而上巳节的文化蕴涵也由恋爱而逐渐变为被褉（水边洗濯）及文人的雅会，最后与清明节的踏青及郊游合流了。不过"婚姻"的本来意义还是有所体现，后世婚礼的亲迎时间一直被固定在黄昏，便是对青年男女于黄昏之时相亲相爱习俗的遵从以及从制度上的肯定。

"婚姻"的第二种含义是嫁娶。这是在父系氏族社会确立，青年男女由从妻居而变为从夫居后形成的。《毛诗正义·卷四》云："《丰》，刺乱也。婚姻之道缺，阳倡而阴不和，男行而女不随。"孔颖达《疏》曰："论其男女之身，谓之嫁娶；指其好合之际，谓之婚姻。嫁娶、婚姻，其事是一。"孔颖达认为"嫁娶、婚姻"是一回事，这自然是父权和夫权制社会的概念，实际上它已经有悖于男女相亲相爱的"婚姻"本义，而被打上了男尊女卑的烙印。当然，相对于原始的婚姻状况来说，这也可以被视为一种婚姻制度上的进步。

在夫权制社会中，女子出嫁曰"归"。《说文解字》："归，女嫁也。"《诗经·周南·桃夭》："之子于归，宜其室家。"可见出嫁的女子是以男方为家的。《白虎通·嫁娶》还说："嫁者，家也。"意思是"嫁"字本身即意味着有家。《白虎通·嫁娶》又说："娶者，取也。"《说文解字》也说："娶，取妇也。"《周易》和《诗经》中凡"娶"字都写作"取"。可见，所谓"娶"，就是把别人家的女子如同取物一般取到自己家中来。这一"嫁"一"娶"中反映出，夫权制社会中的婚姻，男子是主动的，而女子是被动的。故男子可以说"娶妻""娶妇"，而女方则只能说"嫁女""嫁妹"，而不能说"娶夫"。所以，表面上看嫁娶等于婚姻，而实际上，男女双方在婚姻中的地位已经很不相同了。

当然，在嫁娶婚中也还保存有一定程度的原始母系氏族社会的遗俗，这主要表现在婚礼的一系列仪节上。在婚礼的整个过程中，男性与男方往往表现得十分周至、卑下，而女性与女方则高高在上，处处被尊崇。这种对女子的可谓绝无仅有的礼遇，既是母权制社会中尊坤意识的反映，又是男权制社会中中庸之道对男尊女卑思潮的一种有意调节。物极必反。女性被压抑久了，自然会对整个社会的和谐不利。这就需要寻找一个适当的机会让女性去表现自己的存在与追求，让社会表现出对女性地位的某种程度的尊重与认可。婚礼固然如此，而某些节日的设置，如元宵、上巳、清明、七夕等，也起到了这方面的作用。

"婚姻"还有第三方面的含义，那就是指亲家。《尔雅·释亲》："壻之父为姻，妇之父为婚……妇之父母、壻之父母相谓为婚姻。"如《左传·定公十三年》："荀寅，范吉射之姻也。"杜预注："壻夫曰姻。荀寅子娶吉射女。"这便是以"姻"来指男方的父亲。再如《仪礼·士昏礼》"某以得为外昏姻"，郑玄注："女氏称婚，壻氏称姻。"但由于这样的称谓太过冷僻，所以后世径为"亲家"所代替了。

不过，婚姻对于两个家族间关系的重要性依然存在。《礼记·昏义》说："昏礼者，将合二姓之好。上以事宗庙，而下以继后世也，故君子重之。"婚姻和谐，家族间的关系便会密切；反之，则纠纷不断。所以，婚姻对于家族间的利害，有时甚至远远超过夫妻双方的个人利益。这也就是古代的婚姻常常要由男女双方的家长来做主的原因。对国家来说，婚姻的作用也不可忽视。美满的婚姻既是和谐家庭乃至和谐社会得以建立的基础，同时，历史上某些中央王朝所实行的"和亲"政策，对于融洽民族关系、安定政治局面，也曾起过十分重要的作用。

由原始时代的男女相亲相爱，到父权制下的男娶女嫁，再到封建礼教的"将合二姓之好"，这便是中国历史上"婚姻"概念的三次主要演变。但无论怎样演变，婚姻作为"大事"的性质是永远不会改变的。

"抢婚制"与"产翁制"

中国历史上有过"抢婚制"与"产翁制"。作为原始风俗的遗存,两种婚制皆曾长期流传于后世。它们是人们认识古代社会的重要民俗见证。

"抢婚制"与"产翁制"的出现,与中国古代婚制的演变有关。原始时代的人们,曾先后经历过群婚、血族婚、亚血族婚及对偶婚等几种不同的婚制。群婚又称杂交或杂婚,即整个原始群的男女互相发生性交行为。它实行于原始群时代,即恩格斯所说的蒙昧时代,并一直延续至旧石器时代后期。一般认为,距今一万八千余年的周口店山顶洞人所实行的仍是群婚。当时的人们过着群居生活,"其民聚生群处,知母不知父,无亲戚、兄弟、夫妻、男女之别,无上下长幼之道"(《吕氏春秋·恃君览》)。这是人类最早的婚姻形态。

血族婚又称族内婚,是在血缘氏族内部排除了父母辈和子女辈间的婚配,只允许同辈男女间互相占有的婚姻形式。从时间上看,约开始于距今一万年的新石器时代初期。古书(如李冗《独异志》)记远古时期的伏羲、女娲既是兄妹,又是夫妻，汉画像石中的伏羲、女娲也皆作交尾状（象征夫妻），其所反映的便是血族婚的特征。晋干宝《搜神记》（卷十四）说盘瓠"产六男六女，盘瓠死后，自相配偶，因为夫妻"，所言也是血婚制。

亚血族婚又称族外婚，即已排除了本氏族的兄弟姐妹间的通婚，只有不同氏族的兄弟或姐妹间才可以互相配偶。也就是说，甲氏族的男子只能在乙氏族的女子中寻找配偶；反过来，乙氏族的男子也只能在甲氏族的女子中寻找配偶。但此时期的配偶关系并不固定，所以父亲是集体的父辈，母亲也是集体的母辈，即所谓"共夫""共妻"。这是母系氏族社会晚期，即距今六七千年的新石器时代中后期的婚姻形式。

对偶婚制是亚血族婚的配偶范围逐渐缩小，异姓的同辈男女在或长或短的时间内，一对一对地进行同居。对偶婚中的成年男子们要到女方氏族中去过同居生活，世系也要按母系计算。中国古代文献中有不少"感物生人"的传说，如炎帝之母任姒"感龙神首"而生炎帝，颛顼之母昌仆"感女枢于幽房之宫"而生颛顼，尧之母庆都"感赤龙"而生尧，弃之母姜嫄"践巨人迹"而生弃，禹之母修己吞神珠薏苡而生禹等，实际都是知其母而不知其父的对偶婚制的反映。对此，后人不能理解，所以才编造出了"感物生人"的传说。其实，这种婚制在我国西南的一些少数民族地区一直保留到近代，如云南纳西族的"阿柱"婚（又称"走访婚"），便基本上是一种"暮合朝离"的对偶婚。在那里，异性男女结成一种不定期的偶居伴侣，彼此互称"阿柱"（亲密朋友），男子仅夜晚宿于女家，第二天又回到自己家中干活。

对偶婚的男女长期的固定同居，便成为一夫一妻制。这是母系氏族社会向父系氏族社会转变以后的婚制。在中国，这种转变开始于虞夏之前，正式完成于虞夏之际。一夫一妻制的形成与生产力的进一步发展、社会财富的不断增长及私有财产的出现是分不开的。汉字的"家"即是在房中养猪之义，它标志着氏族社会时期的集体驯养业已为个体经营所代替。而经济上的自私，既加速了一夫一妻制的形成，也使具有专一性和排他性的爱情开始萌芽。

由于一夫一妻制是父系氏族社会所实行的婚制，所以其时的女子便脱离了自己原来的氏族而出嫁到男方，所生子女也以父系计算世系。如夏人自禹以后，商人自契以后，周人自弃（即后稷）以后，便开始由父系来计算世系。而随着父系氏族社会的建立及一夫一妻制的确立，女性也由原先的主导者与统治者而降至附属与服从的地位。这对广大女性来说自然是不甘心的。正如恩格斯所指出的，由母系制过渡到父系制，"是人类所经历过的最激进的革命之一"（《家庭·私有制和国家的起源》）。所以，在父系制初期，女性对这一"具有世界历史意义的失败"（恩格斯语）曾有过许多顽强的反抗与激烈的斗争，而男性也有过许多应对的策略。"抢婚制"与"产翁制"，便是男性在婚姻方面所采取的两种措施。

所谓"抢婚"，乃是父系氏族社会初期，由于女子不肯就范，所以男性便强行抢夺女子为妻。这种情形我们在后人的追记中尚能见到。如《周易》记：

屯如，邅如，乘马班如，匪寇，婚媾。女子贞不字，十年乃字。（《屯》"六二"）

乘马班如，泣血涟如。（《屯》"上六"）

抢婚的男子骑着壮大的花马，抢夺女子，迫其成婚。而女子在马上哭得死去活来，极力反抗。最后不知受尽了多少折磨，才肯就范。今天在某些少数民族中尚存在的"抢婚"，虽然已经演化为一种象征性的礼仪，但无疑是古代"抢婚制"的遗风。而后世婚俗中的一些元素，也保留了原始时代抢婚的遗意。如谓新郎新娘入"洞房"，便是对原始时代抢掠女子入山洞成婚的习称。婚礼时女子头上的"盖头"，最早应是为保守本氏族的秘密而用以遮蔽女子眼睛的。还有新娘入门后须由新郎以红绸牵引前进，也再现了当年女子被捆绑而带入山洞的情景。至于新娘所着之项链、手镯等，原本都是刑具，后来才演变为装饰品。凡此，皆可以想见当年"抢婚"之惨烈。

所谓"产翁制"，则是男性为维护其权威地位而采取的另一项措施。《山海经·海内经》说："帝令祝融杀鲧于羽郊，鲧复（腹）生禹。"其以禹为父鲧所生，显然已带有"产翁制"的色彩了。到了战国时期，人们对此已不能理解，故屈原在《天问》中问道："伯禹愎鲧，夫何以变化？"意思是说，大禹从鲧的腹中生出，那是如何变化的？其实，"产翁制"在后世并未绝迹。《太平广记》卷483记：

南方有獠妇，生子便起。其夫卧床褥，饮食皆如乳妇……其妻亦无所苦，炊爨樵苏自若。

越俗，其妻或诞子，经三日，便澡身于溪河。返，具糜以饷婿。婿拥衾抱雏，坐于寝榻，称为"产翁"。

这种夫守产房、妇女劳作的习俗，实为古代"产翁制"的遗风。而元代意大利人马可·波罗在中国金齿州（今西双版纳）所见到的，则是更为具体的"产翁制"情形：

孕妇一经分娩，就马上起床，把婴儿洗干净包好后，交给她的丈夫。丈夫立即坐在床上，接替她的位置，担负起护理婴孩的责任，共须看护四十天。孩子生下一会儿，这一家的亲戚、朋友都来向他道喜。而他的妻子则照常料理家务，送饮食到床头给丈夫吃，并在旁边哺乳。

——《马可波罗游记》第二卷第五十章

直到清代，李宗昉在《黔记·卷四》中还记：

郎慈苗……其俗更异。产生必夫守房，不逾门户，弥月乃出。产妇则出入耕作，措饮食以供夫及乳儿外，日无暇晷。

据调查，我国傣族、仡佬族、高山族等，在20世纪四五十年代仍存有这种习俗。

"产翁制"的实质是男子要以此来证明孩子为他所生，从而使父亲取代母亲，以获得对孩子的主要权利。这一婚俗的起源，显然可以追溯到父系制取代母系制的"最激进的革命"之时。

古代聘娶婚的"六礼"

在男权制逐渐稳固之后，中国古代的婚姻主要是聘娶婚。"聘则为妻，奔则为妾。"（《礼记·内则》）而要建立合法的夫妻关系，又必须经由嫁娶婚的六个程序，即所谓"六礼"。"六礼"完备，婚姻关系始告成立。据《仪礼·士昏礼》记载，这"六礼"分别是"纳采""问名""纳吉""纳征""请期"及"亲迎"。具体仪式是：

"纳采"即男方派媒人携带礼物向女方表达求婚之意。"女氏许之，乃后使人纳其采择之礼"（《仪礼·昏礼》郑玄注）。相当于后世的提亲。纳采时男方所执礼物为雁。《仪礼·士昏礼》说："昏礼，下达，纳采，用雁。"之所以用雁为贽，一是"取其顺阴阳往来"（郑玄注），即雁的活动能遵循自然规律，以喻女子举止有常；二是因为雁能雌雄相守，用喻男女之贞信不二。

"问名"即女方接受男方的礼物后，男方的媒人始可请问女方的姓名及生辰。古代男女非经媒人，是不能互通姓名的。而之所以要问姓名及生辰，是因为男方要归卜其吉凶，以判定男女是否相合，婚姻能否成立。

"纳吉"是男方"归卜于庙，得吉兆"（《仪礼·士昏礼》郑玄注）后，复派使者往告女方，从而将婚事确定下来。"纳吉用雁，如纳采礼"。

"纳征"之"征"意为成，即由男方派人送财礼至女家，以表示婚姻成立。因当年的周文王卜得吉兆后曾纳征于太姒，故后世亦称纳征为"文定"。春秋时又称"纳币"，宋代称"纳成"，俗谓之"订婚"，是比较重要的一道程序。纳征之礼用玄纁束帛及俪皮。玄，黑色；纁，浅红色。帛一束为五匹（每匹三丈六尺，约当今之8.28米）。玄纁束帛即黑、红两色的五匹丝帛，一般为三玄二纁，以"象阴阳备也"（《仪礼·士昏礼》郑玄注）。俪皮即两张鹿皮（取鹿之习性和顺）。这在古代算是比较贵重的礼物了。

"请期"即男方择定结婚日期后，备礼向女方征求意见。女方如受礼，便表示已经答应；否则还须更改日期。"请期"送礼也用雁。

"亲迎"即结婚之日，由男方亲自带人备礼至女方迎亲。迎娶时间一般是在黄昏。届时新郎乘黑色车在前，后面有两辆车跟从，前面有人执烛先导。用来迎接新娘的车也是同样，只是装有车帷。男方的礼物仍是雁。新郎将礼物送给女方后，便行礼而出。而女方家长则要向新娘作临别告言，一般是由母亲边给女儿系结佩巾，边嘱咐其出嫁后的注意事项，即所谓"亲结其缡，九十其仪"（《诗经·东山》）。之后新娘随之而出。此时新郎须先御妇车，待"御轮三周"后，才由专门的驾车人为新娘赶车上路。而新郎则乘上自己的车，先行赶到自家门外等候。一俟新娘到达，即由新郎接进家门。

"亲迎"之后，新婚之夜还要在男方举行一系列仪式，主要是"同牢"与"合卺"，即《礼记·昏义》所说的"共牢而食，合卺而酳"。"同牢"即新婚夫妇共

合卺所用之酒具

同用一个盛肉的牢盘进食。"合卺"是将一瓠（葫芦）分为两瓢，内中盛酒，夫妇二人各执一瓢而酳（漱口）。后世称结婚为"合卺"即源于此。合卺后来又演变为"交杯"，即新郎、新娘换杯对饮。

婚日翌晨，新娘还要拜见舅姑（公婆），即所谓"质明，赞见妇于舅姑"（《仪礼·士昏礼》），并向舅姑进献枣栗、干肉之类的食物。若舅姑已殁，则成婚三个月后要行"庙见"礼。如未行庙见之礼而死，还不能算作成妇，死后要"归葬于女氏之党"（《礼记·曾子问》）。此礼后世改为三日，即女子嫁入夫家三日之后即告庙上坟，此后便为成妇了。杜甫《新婚别》之"暮婚晨告别，无乃太匆忙""妾身未分明，何以拜姑嫜"，便是说在清晨拜见公婆之前，丈夫就已经离开，所以新娘才会担心"妾身未分明"了。

《仪礼·士婚礼》所规定的这种"六礼"婚仪，大约是从汉平帝元始三年（公元3年）开始在上层社会中全面推行的。据《汉书·平帝纪》元始三年（公元3年）记，是年春，"诏有司为皇帝纳采安汉公莽女""又诏光禄大夫刘歆等杂定婚礼，四辅、公卿、大夫、博士、郎、吏家属皆以礼娶"。至于平民，虽不一定"六礼"俱全，但有些重要环节如纳采、纳征、亲迎等，也是不可少的。到了魏晋南北朝以后，随着各民族文化的大融合，传统的婚仪中又吸收了一些少数民族婚俗的成分。如"亲迎"之前，男方要"卜地安帐"，即在房屋周边设置青布幔帐，俗称"青庐"。《孔雀东南飞》中即有"其日牛马嘶，新妇入青庐"的诗句。《世说新语·假谲》也记曹操少时观人新婚，曾夜入主人园喊叫有贼，致使"青庐中人皆出观"。唐段成式《酉阳杂俎·续集卷四》还引《聘北道记》说："北方婚礼，必用青布幔为屋，谓之青庐。于此交拜，迎新妇。"可见到了唐代，婚礼中"青庐"之设已非常普遍了。新娘、新郎在青庐中进行交拜，俗称"拜堂"。此外，还有"催妆""下婿""弄妇""坐鞍""撒帐""坐床""合髻"等名目，都是"六礼"中所没有的。如"合髻"，便是新郎、新娘各剪下一绺头发，用彩线缯在一起，以作为爱情的信物。唐代女子晁采在《子夜歌》中写道："侬既剪云鬟，郎亦分丝发。觅向无人处，缯做同心结。"其所描写的即是"合髻"的具体细节。

宋代对婚礼的程序曾实行简化。《宋史·礼志》载："士庶人婚礼，并'问名'于'纳采'，并'请期'于'纳成'。"只保留"纳采""纳吉""纳成"（即纳征）、"亲迎"四项。而"纳采"之礼物也不一定用雁，或用羊，或用雉、野鸭。朱熹还认为，"纳吉"与"纳征"都是送礼，两者也可以合并。故其《朱子家礼》中便只有"纳采""纳成""亲迎"三项婚礼仪式。自宋代开始，新娘还由乘车而改坐"花轿"，迎亲时也多用鼓乐。元代于"纳采"之前增加"议婚"一项，以强调家长主婚的权利；又将"同牢""合卺"改称"传席"。余皆依《朱子家礼》。明清两代也基本按照朱熹成法，但在具体细节上又增加了许多新的内容，如新娘"抱镜"（以示明媒正娶）、"跨火盆"（象征日子红火）等。而婚后三日，不管公婆在否，都要祭祖坟及上祠堂，以表示新娘已进入了新的家族。

统观中国古代的婚礼，无论是对婚礼时间的选取（选在"阳下阴"的黄昏之时），还是对彩礼的规定以及各种礼仪细节的设置，都贯穿了一种尊坤意识（即处处表现出对女性及女方家族的尊崇），同时也深得中庸之道合理、合情、和谐之旨。例如对彩礼的选择，便是既考虑到一定的实用价值（如有限的布帛），更注重其象征意义（如雁、俪皮），于节俭中寄予了美好的含义。这对今天的人们来说，仍是值得借鉴的。

古代女子为何称公婆为舅姑

　　古代女子称公婆为舅姑。如《仪礼·士昏礼》称婚礼翌晨新妇拜见公婆为"质明，赞见妇于舅姑"。《礼记·檀弓下》引敬姜之语曰："妇人不饰，不敢见舅姑。"又，《国语·鲁语下》记子夏（卜商）的话也说："商闻之曰：古之嫁者，不及舅姑，谓之不幸。夫妇，学于舅姑者也。"直到宋代，朱熹在《朱子家礼》中仍规定："凡子事父母，妇事舅姑……昧爽，适父母舅姑之所省问。"古代女子为何称公婆为舅姑呢？溯其源，实与母系社会时的婚俗有关。

　　古代母系社会所实行的是亚血族婚。亚血族婚又称族外婚，即已排除了本氏族的兄弟姐妹间的通婚，只有不同氏族的兄弟或姐妹间才可以互相配偶。这是古人鉴于"男女同姓，其生不蕃"（《左传·僖公二十三年》）的教训而实行的一种婚制。其时，本氏族的男子长大后要出嫁到对方氏族，与对方氏族中的女子成婚。对方氏族也是同样。但由于相互间的配偶是不固定的，所以便出现了由一群异性兄弟与一群异性姊妹互为婚姻的现象，即所谓兄弟共多妻，姊妹共多夫。所生子女亦是多父多母。这样一来，"姑"与"舅"的称谓便出现了。东汉刘熙《释名》云："姑，故也，言与己为久故之人也。"《仪礼·丧服》之《传》也说："谓吾姑者，吾谓之侄。"母系社会时期，由于父亲及其兄弟皆要嫁到对方氏族中，故所谓古老的家，便只剩下一群不出嫁的父亲的姊妹，于是便称她们为"姑"。"姑"者，古也。待兄弟的儿子长大后又嫁回本氏族来，则他们与留在本族的"姑"，自然就成为"久故之人"了。"舅"也是同样。《尔雅·释亲》："母之昆弟为舅。"东汉孙炎释之曰："舅之言旧，尊长之称。"《白虎通·三纲六纪》亦称："舅者，旧也。"这是姊妹之子出嫁后，回忆他们旧日在母家与母亲的兄弟一起生活的时光时，遂将母亲的兄弟称作"旧"。"旧""臼"可以相通。而"舅"字下面的"男"则是进入父系社会之后新加的。

不仅如此，在此种婚俗中，还出现了姑舅互为夫妇的现象，即甲氏族的"舅"与乙氏族的"姑"婚配，而乙氏族的"舅"又与甲氏族的"姑"成为配偶。而姑舅之子，即妻之昆弟，妻之昆弟亦即姊妹之夫。这样一来，"舅"既是下一代女子的舅父，又是她们的夫父；"姑"既是下一代女子的姑母，又是她们的夫母。舅与夫父、姑与夫母实际上是同一个人。这便是女子称公婆为舅姑的由来。此后，虽然母系社会为父系社会所取代，姑舅互为夫妇的现象也基本消失了（后世的姑舅表婚是其遗风），但这一称呼还是被沿用了下来。

除舅、姑外，中国人的亲属称谓中，像父、子、侄（姪）、甥等，也都与母系氏族社会的婚俗有关。由于母系氏族社会的世系是按母系计算，所以父亲在女方根本不受重视，儿子也视父亲为外人。金文"父"字作，像手持石斧之形。故所谓"父"，在儿子眼中，不过是一个在舅家手持石斧劳作之人。而父亲对于儿子，亦视同外人。金文"子"作，像小孩子在襁褓中之形。故所谓"子"，在父亲眼中，也不过是别人家的一个小孩子而已。侄（姪）者，至也。与姑对言。《尔雅·释亲》："女子谓昆弟之子为侄（姪）。"女之兄弟出嫁到对方氏族后，与对方氏族的女子所生之子长大后又嫁回本族来，故谓之"至"。后加"女"旁，成"姪"（现写作"侄"）。侄（姪）原来只是女子对兄弟之子的称谓，到了父系社会以后，遂成为男子和女子对兄弟之子的共同称谓。"甥"的本义为异姓所生。在母系社会中，只有母姓为本姓，其余婚姻关系所生子女均为"异姓"。故《尔雅·释亲》曰："姑之子为甥，舅之子为甥，妻之昆弟为甥，姊妹之夫为甥。"其实这四种人所指的都是同一群男子，他们皆为异姓所生，故通称之为"甥"。到了父系氏族社会后，因四种人又各自有了专门的称呼，所以"甥"只保留了作为姊妹之子的称谓，即《仪礼·丧服》之《传》所说的"谓吾舅者，吾谓之甥"。

在父系氏族社会中，由于世系要按父系计算，所以就出现了一些新的称谓，如"祖"。"祖"本作"且"，是男性性器的象形，于是便用来指代祖父以及更早的祖先。这是男性崇拜的象征。今天我们在龙山文化、齐家文化乃至更早的大地湾文化中，都有陶祖、石祖的发现。又如"妇"。《说文解字》："妇，服也，从女持帚洒扫也。"这种让女性服从并使其操持家务的事，也只有在父系社会中才能发生。还有"婚姻"的称谓，也表现出父系社会的特征。班固《白虎通·嫁娶》云："婚姻者，何谓也？昏时行礼，故谓之婚也；妇人因夫而成，故曰姻。"父系社会中，男子于黄昏之时往女家迎娶新娘，与母系社会时之男子出嫁已判然有别；而"妇人因夫而成"，更显示出女性对男性的依赖。基于此，后世遂称女方的父亲为"婚"，称男方的父亲为"姻"，即所谓"婿之父为姻，妇之父为婚""妇之父母、婿之父母相谓为婚姻"（《尔雅·释亲》）。

至于"公婆"之称，则是较后起的事了。《淮南子·氾论》："宋人有嫁子者……若公知其盗也，逐而去之。”这里的“公”，便是指丈夫的父亲。又，关汉卿《窦娥冤·楔子》：“媳妇儿，你在我家，我是亲婆，你是亲媳妇，只当自家骨肉一般。”这儿的“亲婆”则是丈夫的母亲。公婆有时也被称为“公公婆婆”。如元高明《琵琶记·蔡母嗟儿》：“公公婆婆，媳妇便是亲儿女，劳役事，本分当为。”大约自元明以后，至少在口语上，“舅姑”之称已渐为“公婆”所取代了。

王昭君为何要嫁给丈夫前妻之子

宫素然《明妃出塞图》（局部）

昭君出塞的故事是很多人都熟知的。据《后汉书·南匈奴列传》记载，汉元帝时，汉与匈奴和亲，王昭君嫁给了南匈奴的呼韩邪单于，并生二子。呼韩邪死后，其前阏氏之子复珠累单于欲纳其为妻，昭君上书汉朝求归，而汉成帝则敕令她从胡俗。故昭君复为呼韩邪单于前妻之子的阏氏，又生三女。王昭君为何要嫁给自己丈夫的儿子呢？这当与古代的一种婚制即"收继制"有关。

收继制亦称转房制，在中国古代文献中又被称为"烝"和"报"。这种婚制，在中原地区曾盛行于春秋时期，而且多存在于统治阶级家庭中。

收继制的主要特点是：子弟在父兄死后可以娶庶母及寡嫂为妻，实际是一夫多妻制的变相形式。春秋时期各诸侯国的统治者中，经常可以见到这种"烝""报"

行为。而所谓"烝"，是指父亲死后，儿子可以娶庶母；所谓"报"，是指兄、叔死后，弟弟或侄儿可以娶寡嫂或寡婶。因为收继时要先举行一种"烝"和"报"的仪式，故以"烝""报"名其婚姻。

《左传》中记载了大量"烝""报"婚的实例。如《左传·闵公三年》记：

初，惠公之即位也少，齐人使昭伯烝于宣姜，不可，强之。生齐子、戴公、文公、宋桓夫人、许穆夫人。

昭伯（即公子顽）为卫宣公之子，宣姜乃其庶母。宣公死后，宣姜本该由昭伯收继，但昭伯却不同意，不得已，只好由宣姜的娘家齐国出面施加压力。最后昭伯还是收继了宣姜，并与之生有三男二女。虽然也有人写诗骂过他们（或谓《诗经》中的《墙有茨》及《鹑之奔奔》即影射此事），但其子女中的戴公、文公还是先后做了卫国的国君。可见当时的社会对此类婚姻及其所生子女是承认的。

除卫国外，保留原始婚俗较多的齐国和楚国，以及中原地区的晋、郑等国，也都有这种"烝""报"婚的现象。只是到了战国以后，随着封建制的建立，收继婚失去了其依存的基础，在中原地区遂逐渐消亡。但其在边疆地区及某些少数民族中却一直延续着。直到汉代时的匈奴、西羌、乌孙，以及宋代时的女真，元代的蒙古族，都曾实行过这种婚制。王昭君远嫁匈奴，事在西汉后期，其时的匈奴正实行着收继制，所以她在丈夫死后又嫁给丈夫与前妻所生之子，便是十分自然的事了。而汉天子对匈奴的这种婚制给予尊重也是可以理解的。

又据郑樵《通志·四夷传》说："党项羌……妻其庶母及叔伯母、兄嫂、弟妇，淫秽烝报，诸夷中为甚。"宋代，收继婚在中原地区早已见不到了，而作为宋人的郑樵对此看不惯是必然的。但由此也可以看出，其时党项羌（即建立西夏国者）的收继制仍然存在。直到近代，在甘肃、四川、云南的某些地区，也还保留有这种收继婚的习俗。

收继婚的实质是一种继承权的问题，即家族的主人把妇女看作家族的一种活财产，而让子弟直接、合法地继承。《史记·匈奴列传》曾记汉使与一位投降匈奴的名叫中行说的人辩论匈奴之俗。当汉使提到"匈奴父子乃同穹庐而卧，父死，妻其后母；兄弟死，尽取其妻妻之"的时候，中行说辩解："匈奴之俗……父子兄弟死，取其妻妻之，恶种姓之失也。故匈奴虽乱，必立宗种。今中国虽详，不取其父兄之妻，亲属益疏则相杀，至乃易姓。"中行说认为匈奴的收继制优于中原的婚制，其说未必可取，但他的一番话却道出了收继制的实质，即保证"宗种"的纯正和财产的不外流。而且可以看出，收继制在匈奴那里完全是一种合法的婚配。而收继制在春秋时期的中原各国以及后来的少数民族中之所以能长期流行，亦似不难理解了。

与收继制相类的，中国古代的婚制中还有一种媵（yìng）制。所谓"媵制"，即一个女子出嫁，须有同姓的"娣""侄（姪）"和奴婢随嫁。娣即妹妹，侄（姪）即兄弟之女。东汉刘熙《释名》说："侄（姪）娣曰媵。媵，承也，承事嫡也。"《左传·成公八年》："凡诸侯嫁女，同姓媵之。"《春秋公羊传·庄公十九年》也说："媵者何？诸侯娶一国，则二国往媵之，以侄（姪）娣从。"这就是说，在春秋时期，诸侯娶一国之女为妻，除女方以娣侄（姪）随嫁外，还要有两个和女方同姓的国家送女儿陪嫁，也各以娣侄（姪）相从。这样便形成了一个男子娶一大群女子为妻的现象。如《诗经·大雅·韩奕》所描写的韩侯娶妻的场面，便是这样一种媵制婚姻。韩侯为姬姓之后，他娶了姞姓的女儿，成婚时"诸娣从之，祁祁如云"，竟动用了百辆大车（即"百两彭彭"），可见随嫁的女子之多了。实际上，这是一种原始社会的遗风。正如恩格斯所指出的，在蒙昧时代的高级阶段，

"同长姊结婚的男子有权把她的达到一定年龄的一切妹妹也娶为妻子"(《家庭、私有制和国家的起源》)。

媵制的姊、姑出嫁后是正妻,而随嫁的娣、侄(姪)则处于从属地位,她们之间是主从关系而非主仆关系。这一点,媵与妾是不同的。而随同媵一起陪嫁的奴婢,他们的地位才是低下的。据说商代的大臣伊尹原本就是"媵臣"。春秋时虞国的百里奚也曾作为晋献公女儿的陪嫁奴隶入秦。

媵制之行,古人曾认为有"防嫉妒"与"重继嗣"的作用。《周易·归妹·初九》也说:"归妹以娣,跛能履,征吉。"意思是说,妹妹随同姐姐一起出嫁,就像跛子也能走路一样吉利。但实际上恰恰相反,这种婚制曾给女子们带来了无穷无尽的苦恼与纠纷。《诗经·七月》之"女心伤悲,殆及公子同归",即反映了女子对随"公子"(公之女儿)一同出嫁(即"同归")的恐惧心情。

媵制与收继制在承认一夫多妻的合法性这一点上是一致的。所不同的是,媵制的多妻是婚前即已规定好的,而收继制的多妻则是女子婚后形成的。两者都有违妇女本人的意志。所以战国以后,不但收继制在中原地区消失了,媵制也不复存在。后世的丫头陪房以及妻死由妹续弦之俗,不过是媵制的孑遗罢了。

篇 午

丧祭

丧祭之礼概说

丧祭之礼是生者对死者表示悲戚与敬畏之心的礼仪。儒家认为这一礼仪是孝的终极表现。如《礼记·中庸》曰："敬其所尊，爱其所亲，事死如事生，事亡如事存，孝之至也。"而对"送死不忠厚""敬其有知而慢其无知"的做法，则斥为"奸人之道"（《荀子·礼论》）。因为一个人倘对死去的亲人尚无痛惜与敬慎之心，又怎会去关爱他人呢？所以，对于逝去的亲人的感情，往往可以用来检验对活着的人们的态度。故孔子以"养生、送死、事鬼神"为"人之大端"（《礼记·礼运》），而孟子则谓"惟送死可以当大事"（《孟子·离娄下》）也。

基于此，本文便依据《仪礼》中的《丧服》《士丧礼》《既夕》《士虞礼》以及《礼记》中的《丧大记》《奔丧》《问丧》《祭法》《祭义》《祭统》等篇，对中国古代社会的丧祭之礼加以简要勾勒，以期增进人们对丧祭之礼乃至中国传统文化的深入理解。

远古之世，人们对于死去的同类并无告别的仪式，仅是"填沟壑"而已。大约到了新石器时代，人们开始将逝者的遗体掩埋于地下，此后遂形成了中国传统的土葬。《说文解字》释"葬"为"藏也，从死，在草中"。《周易·系辞下》亦云"古之葬者，厚衣之以薪，葬之中野"。即裹以树枝、杂草掩埋的意思。其时皆有墓无坟，未在埋葬之处堆土成丘以为坟（又称冢）。《周易·系辞下》还说那时的墓地"不封不树"，即不但不起坟，也不种树以为标志。大约到了春秋中期，中原地区才开始出现土丘之坟。据《礼记·檀弓上》记载，孔子周游列国之前，在将其父母合葬于防之后曾说："吾闻之，古也墓而不坟。今丘也，东西南北之人也，不可以弗识也。""于是封之，崇四尺"。这四尺高的坟头，便是最早的土丘坟。孔子死后，也于墓上起坟。此后，土丘坟便在中原地区流行开来，"不封不树"的古老习俗遂为之改变。而坟头的高低、大小，以及坟地树木的多少，也开始成为死者身份的一种标志。

在"封""树"的同时，对死者的告别仪式也开始逐步完善起来。大致说来，从初丧到终丧，主要有以下几种仪节：

一曰"初终"，又称"易箦"。古代病危之人必居于正寝，故后世有"寿终正寝"之说。死者临终一定要更换床席，即所谓"易箦"。如曾子临终即命其子曾元将他扶起"易箦"（《礼记·檀弓上》）。故后世亦称死亡曰"易箦"。初终时，守在身边的亲人还要将新的丝绵絮放在亡者的口鼻上，以检验其是否还有呼吸，被称为"属纩"。"易箦""属纩"之后，验明亲人已死，众亲始可哭泣。

二曰"复"。复即招魂。其具体做法是由招魂者拿着死者的衣服，面向北方（幽冥世界的方位）呼唤死者的灵魂归来，反复多次，然后将衣服给死者穿上。《楚辞》中的《招魂》篇便是对招魂仪式的具体描绘。这是亲人为挽回死者的生命所做的最后一次努力。

三曰"饭含""袭"。饭含即将珠、玉、米、贝等物放在死者口中。古人认为，人活着要吃饭，死后也不应虚其口。故古代君王常"饭黍含玉"，直至清代的慈禧太后，死后仍在口中含珠。而普通人则仅是"饭粱含钱"，即只在死者口中含一枚铜钱而已。袭是为死者穿上新衣，而这些新衣从内到外往往会有很多套。"饭含""袭"后则用衾覆盖尸身，以供祭拜。

四曰"小殓""大殓"。"复""饭含""袭"等一般在初终后的一天内完成，而小殓则是在亡后第二天，是为死者正式穿上入棺寿衣的仪式。但此时并不入棺，仅供亲友祭奠。至第三天的大殓才是正式的入棺仪式。届时主人奉尸入棺，然后盖棺。"小殓于户内，大殓于阼"（《礼记·坊记》）。"阼"即大堂前东面的台阶。大殓礼毕，称既殡。既殡之后，家属要按血缘关系远近穿起不同的丧服，谓之"成服"，也就是后世所说的"五服"。自"成服"至下葬前，每天早晚，家属都要着丧服在殡所哭奠。遇有宾客前来吊唁致奠，主人要答拜迎送。而大殓之所以要在三日后举行，是因为"三日而后殓者，以俟其生也。三日而不生，亦不生矣"（《礼记·问丧》）。

五曰"发引""下葬"。发引俗称出殡，即将灵柩运往墓地。发引的队伍由丧主（一般是儿子或孙子）领头，边哭边行，有的还要沿路抛撒纸钱。而亲友们则牵引柩车的绳索前行，称为"执绋"。灵柩入墓下葬，也要举行祭奠，然后筑土为坟。至于在坟茔之前竖立碑碣，那是秦汉以后的事了。

丧葬后的祭祀礼仪称为祭礼，也有若干仪节：

一是"虞"祭。虞，安也。虞祭就是安魂之祭，与丧葬礼仪前后衔接。古人认为，死者下葬之后魂无所之，故设"三虞"以安之。始虞、再虞分别在葬后第一、第二个柔日（即天干逢乙、丁、己、辛、癸之日）的中午，三虞则在刚日（即天干逢甲、丙、戊、庚、壬之日）。后世士庶之家的始虞多在下葬当天的中午举行，并于四日内完成三次虞祭。初虞时要设尸，一般由死者的孙子充任，代替死者受祭。还要为死者设立神主，以备日后迁入祖庙。

二是"卒哭"。卒哭意为止哭。《礼记·杂记下》："士三月而葬，是月也卒哭。"后世卒哭祭一般在丧后一百天举行，届时要向代表死者的尸献酒钱行，让死者的神灵离开家中，此后丧主即停止哭泣。但自佛教流行后，"虞祭""卒哭"皆为"做七"所取代，丧主七日一祭，而以"五七"最为隆重。至"七七"则称为"断七"（佛家认为人死后四十九天魄散），相当于古代的"卒哭"。

三是"祔祭"。祔，附也。卒哭后次日，将死者的神主奉入祖庙（一般人家称祠堂），与祖先合祭，称为祔祭。祔祭后神主仍返回丧主家中。

四是"小祥""大祥""禫祭"。《仪礼·士虞礼》云"期而小祥""又期而大祥""中月而禫"。意思是说居父母之丧者，满一周年时要举行小祥之祭，满两周年时有大祥之祭，大祥祭后一个月有禫祭。大祥后，神主正式迁入祖庙。禫祭后除服，停止居丧，生活恢复正常。后世有些地区还有九年之祭，但已不会影响人们的正常生活了。

上述祭仪，卒哭之前的祭祀称为丧祭，卒哭之后的祭祀则为吉祭。禫祭之后的各种祭祀，如春夏秋冬四时之祭及三月上旬的墓祭，还有忌日祭等，便均依正常的祭祀程序了。

以上是有关丧祭礼仪的主要仪式，其祭祀对象为人鬼，即死去的有血缘关系的亲属。这样的祭祀既可以敦亲睦族，也可以增强家族的凝聚力和自信心。至于对中华民族先祖的祭祀，则更会唤起一个民族的集体记忆，从而使人们不忘自己的文化根系，并鼓舞后人沿着祖先的足迹去创造新的辉煌。这也就是直到今天，我们仍在祭祀伏羲、炎黄的意义所在。

说"五服"

常听人说，"五服"以内皆兄弟，而"五服"之外则路人也。"五服"究竟是怎么回事呢？

"五服"是居丧时所穿的五种不同的服饰。由于生者跟亡者的关系有亲疏远近的不同，所以丧服的形制与服丧的期限也不尽同。而人们通过服饰便可以看出相互间关系的远近。据《仪礼·丧服》规定，这"五服"依次是"斩衰（cuī）""齐衰（cuī）""大功""小功""缌麻"。以下分别言之：

1. 斩衰

衰即"缞"，是麻质丧服上衣。"斩"者，不缉之义（即不缝边）。所谓"斩衰"，即着最粗的生麻布做成的衣服，衣旁和下沿都不缝边。后世也常用麻布片披在身上代替，故有"披麻戴孝"之说。此外，还要系粗麻布织成的腰带（后世径用麻绳代替），戴粗麻布织成的丧冠（冠缨亦用麻做），穿菅草编成的草鞋等。孝子要用杖（竹或柳木制成），以示"孝子丧亲，哭泣无数""身病体羸，以杖扶病也"（《礼记·问丧》）。

斩衰是五服中最重的一种，服丧期为三年（实际为二十五个月）。子为父、父为长子（嫡子）、妻为夫、未嫁女子为父皆服斩衰。秦汉以后，父不再为长子服斩衰。明清两代，又规定子为母也服斩衰。之所以要为父母服三年之丧，用孔子的话说便是："子生三年，然后免于父母之怀。夫三年之丧，天下之达丧也。"（《礼记·三年问》）服斩衰者，初丧"三日不食""三月不沐"。"既殡食粥"。整个斩衰期间，孝子要"居倚庐，寝苫枕块，不税（脱）绖带"（《礼记·间传》）。即住在简陋的庐棚内，铺着草垫，枕着土块，睡觉不脱衣服。此外还有禁婚娶，不得赴宴，不得听音乐，不得游戏、玩笑，甚至不得与人侃侃而谈等。东汉以迄明清，服斩衰的现任官员均须自动离职，回家守制（守丧），称作"丁艰"或"丁忧"。父丧称丁外艰或丁外忧，母丧称丁内艰或丁内忧。斩衰期间，孝子也不得应科举考试，如发现"匿丧"，将会受到严厉处分。

2. 齐衰

齐衰仅次于斩衰。其上衣用熟麻布做成，缝边整齐，故称"齐衰"。其余丧冠、腰带所用麻布，也均较斩衰为细。据《仪礼·丧服》，齐衰本身又分四等，即齐衰三年、齐衰杖期（jī）、齐衰不杖期（jī）、齐衰三月。

"齐衰三年"是父卒为母、母为长子的丧服。在男尊女卑的宗法社会中，对母亲的服丧必须低于父丧（斩衰）一等，故只能服"齐衰三年"。自明代以后，母丧始加重为斩衰三年，与父丧一致。母为长子的服丧也改为"齐衰不杖期"。

"齐衰杖期"即服丧用杖，时间为一年。其丧服与齐衰三年一样。这是父在为母、夫为妻的丧服。明代以后，父在为母丧也服斩衰。但对其与父亲离异的生母则只能服齐衰杖期。

"齐衰不杖期"是服丧不用杖，时间为一年。其丧服亦与齐衰三年一致。这是为祖父母、伯叔父母、兄弟、未嫁之姊妹以及已嫁女子为父母、媳妇为舅姑（公婆）等的丧服。其中妇为舅姑的丧服，后世亦加重为斩衰三年，与子为父母的丧服一致。

"齐衰三月"是为曾祖父母的丧服。其丧服要求与不杖期基本一致。

服齐衰之丧者，其起居饮食也有一定的规范。齐衰三年大致与斩衰三年相同，只改初丧"三日不食"为"二日不食"。既殡，"疏食水饮，不食菜果"。杖期者一年内不饮酒食肉，不杖期者三月之内不饮食酒肉。齐衰三月者则三月之后便一切如常了。

3. 大功

"功"指织布的工作。"大功"即对丧服做大略的加工。丧服用熟麻布，但较齐衰所用细密。大功服次于齐衰一等，是九个月的丧服。男子为从兄弟（堂兄弟）及已嫁的姊妹、姑母和未嫁的堂姊妹服此，女子为自己的兄弟及丈夫的祖父母、伯叔父母服此。居大功之丧者，初丧三餐不食。既殡，"不食醯酱"。

4. 小功

小功所用麻布较大功更为精细。服丧时间是五个月。男子为从祖祖父母（父亲的伯叔父母）、从祖父母（堂伯父母、堂叔父母），再从兄弟（同一曾祖的兄弟）、堂姊妹以及外祖父母服此。女子为丈夫的姑母、姊妹以及娣妇（夫之弟媳）、姒妇（夫之嫂）也是小功。居小功之丧者，两餐不食。既殡，"不饮醴酒"。

5. 缌麻

"缌"即细麻布。缌服比小功更精细，服期三个月，是五服中最轻的一种。男子为族曾祖父母（曾祖父之兄弟及配偶）、族祖父母（祖父之从兄弟及配偶）、族父母（父之再从兄弟及配偶）、族兄弟（同一高祖的兄弟）以及妻之父母、舅父等服此。女子为丈夫之曾祖父母、伯叔祖父母、从祖父母、从父兄弟之妻也都有缌麻之服。居缌麻之丧者，其饮食与小功同。

孔子逝世后，弟子皆心丧三年，然后辞别而去。见曲阜孔庙藏明代石刻《孔子圣迹图》

此外，旧时师死，弟子守丧，不穿丧服，只在心中悼念，称为心丧。《礼记·檀弓上》："事师无犯无隐，左右就养无方，服勤至死，心丧三年。"如《史记·孔子世家》便记："孔子葬鲁城北泗上，弟子皆服三年。三年心丧毕，相诀而去。"

值得指出的是，"五服"既是居丧者所着的五种不同服饰，也常常被用来指亲属关系的远近。如称堂兄弟的关系为"大功服"的服色，称再从兄弟（同曾祖兄弟）为"小功服"的服色即是。李密《陈情表》："外无期功强近之亲，内无应门五尺之童。"其所谓"期"，即服一年丧者，指伯叔、兄弟；其所谓"功"，即"大功""小功"，指从兄弟、再从兄弟。合而言之，作者意在说明自己连一个远近的亲人都没有了。

中庸之道与丧祭之礼

古人云："死生亦大矣。"丧祭之礼作为生者对死者寄托哀思的礼仪，在中国传统文化中具有十分重要的地位。而既要充分地寄托哀思，又不能伤及生者的身体，这就需要对丧祭时间的长短及表达方式把握一个合适的度。而这也就是中庸之道在丧祭之礼中的运用了。

先说丧礼。《礼记·杂记下》："子贡问丧，子曰：'敬为上，哀次之，瘠为下。颜色称其情，戚容称其服。'"《礼记·丧服四制》亦云："三日而食，三月而沐，期而练，毁不灭性，不以死伤生。"这里已为服丧者规定了一条基本原则，那就是"敬为上，哀次之，瘠为下"，既要哀，又须"毁不灭性，不以死伤生"。为此，古代的丧葬制度首先规定了"卒哭"之礼。亲人去世，家属肯定会"哭踊无数"（《礼记·问丧》），而过度的哭泣又会伤害人的身体。"卒哭"之礼便是基于此而制定的。《礼记·杂记下》记：

士三月而葬，是月也卒哭；大夫三月而葬，五月而卒哭；诸侯五月而葬，七月而卒哭。

这样，便止住了丧主的"无时之哭"，以免"灭性"和"伤生"。

对于居丧的时间，《礼记·丧服四制》也提出了明确的规定：

始死，三日不怠，三月不解，期悲哀，三年忧，恩之杀也。圣人因杀以制节，此丧之所以三年，贤者不得过，不肖者不得不及。此丧之中庸也，王者之所常行也。

子女为父母服三年之丧，既能充分地表达丧亲之痛，又不至于毁伤身体，这便是丧礼中的中庸之道。故孔子说："夫三年之丧，天下之达丧也。"（《礼记·三年问》）

《礼记·三年问》还对此做了进一步的论述，并对三年之丧的具体时间也做了界定：

三年之丧，何也？曰：称情而立文，因以饰群，别亲疏贵贱之节，而弗可损益也。故曰无易之道也。创巨者其日久，痛甚者其愈迟。三年者，称情而立文，所以为至痛极也。斩衰苴杖，居倚庐，食粥，寝苦枕块，所以为至痛饰也。三年之丧，二十五月而毕，哀痛未尽，思慕未忘，然而服以是断之者，岂不送死有已、复生有节哉？

所谓"三年之丧，二十五月而毕"，据《礼记集说》引石梁王氏曰："二十四月再期，其月余日不数，为二十五月。"比如丧期在六月，自六月数至当年的十二月为七个月；再加上来年的十二个月为十九个月；又数至隔年的六月，恰为二十五月。这实际上也是在尽量缩短服丧的时间。而且，即使在二十五月期间，服丧者倘有生理缺陷或疾病，也还是可以变通的。《礼记·问丧》云：

然则秃者不免，伛者不袒，跛者不踊，非不悲也；身有锢疾，不可以备礼也。

故曰：丧礼唯哀为主矣。

秃者不免冠，驼背的人不袒露身体，瘸子不击胸顿足，虽不能"备礼"，但也是被允许的。

《礼记·杂记下》还记孔子的话说：

身有疡则浴，首有创则沐，病则饮酒食肉。毁瘠为病，君子弗为也。毁而死，君子谓之无子。

既要服丧，又要爱护自己的身体，不可"毁瘠为病"，这不能不说是中庸之道的双向调节机制在起作用。

再看祭礼。古人以祭为"教之本也"（《礼记·祭统》）。为什么呢？因为"凡治人之道，莫急于礼。礼有五经，莫重于祭。夫祭者，非物自外至者也，自中出生于心也"（《礼记·祭统》）。祭祀是发自内心的一种感情和行为，它既是孝的继续，即"所以追养继孝也"（《礼记·祭统》），也有利于"十伦"的养成。《礼记·祭统》云：

夫祭有十伦焉：见事鬼神之道焉，见君臣之义焉，见父子之伦焉，见贵贱之等焉，见亲疏之杀焉，见爵赏之施焉，见夫妇之别焉，见政事之均焉，见长幼之序焉，见上下之际焉。此之谓十伦。

可以看出，所谓"十伦"，无论是履行侍奉鬼神之道，还是见证君臣之义、父子之亲、贵贱之别，抑或体会亲疏之不同、官赏之施行、夫妇之区别、政事之公平、长幼之有序、上下之相处，实际都是一种教化百姓的方式，即"治人之道"。而如何达到这一目的呢？《礼记·祭统》又云："养则观其顺也，丧则观其哀也，祭则观其敬而时也。"而所谓"时"，即指祭祀的次数既不能"数"，也不能"疏"，应该恰到好处。正如《礼记·祭义》所说："祭不欲数，数则烦，烦则不

孔子在鲁桓公庙中观敧器而论中庸之道，见曲阜
孔庙藏明代石刻《孔子圣迹图》

敬；祭不欲疏，疏则怠，怠则忘。"而如何才能做到不烦、不忘呢？这又需要把握一个合适的"度"。古代所制定的春、夏、秋、冬"四时之祭"（见《礼记·祭统》），便是既不"数"又不"疏"，完全合乎"中庸之道"的祭祀之礼。宋代的朱熹通过对古礼的斟酌损益而形成的《朱子家礼》，其中的《祭礼》部分，更被认为既合乎"中庸之道"，又简易可行。故自元明以降，中国的祭礼便基本依《朱子家礼》了。

母亲为何称儿子为"小祖宗"

男孩子小时候多半比较淘气，母亲往往会说："小祖宗，你给我安静一会儿行不行！"母亲为何称自己的儿子为"小祖宗"呢？这不得不从中国传统的祭祀礼仪说起了。

中国古代祭祀实行的是"昭穆制"。对逝去的祖先，无论在墓地还是在祠庙，均按左昭、右穆的次序进行排列。具体说，除始祖居中外，始祖以下的第一代居左，称为昭；第二代居右，称为穆。然后第三代、第五代又居左，仍为昭；第四代、第六代又居右，仍为穆。余以此类推。如图所示：

```
         1      3      5
        昭  —  昭  —  昭
始祖 ┤
         2      4      6
        穆  —  穆  —  穆
```

"昭穆制"是为了便于宗族成员记住辈次，易于区别父子两代，但客观上却形成了古人所说的"君子抱孙不抱子"（《礼记·曲礼上》）的现象，即每一位去世的祖先前面所怀抱的都是孙而不是子，并促成了另一种祭祀礼仪即"尸制"的出现。

所谓"尸"，即神像，是古代祭祀时代死者受祭并象征死者神灵的人。对一般人家来说，担任"尸"这一角色的都是死者之孙。《礼记·曾子问》记孔子的话说："祭成丧者必有尸。尸必以孙，孙幼则使人抱之。"为什么一定要以孙为"尸"呢？《礼记·曲礼上》说："《礼》曰'君子抱孙不抱子'，此言孙可以为王父尸，子不可以为父尸。"元代陈澔的《礼记集说》在解释这一段话时也说："必以孙，以昭、穆之不同也。"这是说，在"昭穆制"下，由于亡者所怀抱的是孙而不是子，祖孙关系显得更为亲密，所以便以孙为祖父之"尸"了。后世祖父常常溺爱孙子，从这里也许可以找到根源。

古代祭祀，为"尸"者常居于祖父生前所在的位置，以接受孝子（即尸之父辈）的祭奠与敬献。因为"尸"只接受享祭而不须做事，故"尸位素餐"一词遂有居位食禄而不理事之义，并演变为成语。如《汉书·朱云传》便说："今朝廷大臣，上不能匡主，下亡以益民，皆尸位素餐。"又由于"尸"的身份是祖先的象征，"主人之事尸，以子事父也"（《礼记·曲礼》陈澔注），甚至连大夫、士见"为尸者"也要"下之"（《礼记·曲礼》），故民间遂以祖宗视之。这就是直到后世，母亲仍称儿子为"小祖宗"的由来。

除民间外，古代王室祭祀也要设"尸"。如《诗经·小雅·楚茨》记周王祭祀祖先，便是"皇尸载起，鼓钟送尸"。由于是王家祭祀，所以规格较高，迎尸、送尸都要奏乐，不似民间的简易了。又据《春秋公羊传·宣公八年》汉何休注，古代"天子以卿为尸"，而且在决定"尸"前还要进行占卜，这一点也与民间以孙为尸不同。到了战国时期的南楚，由于其地保存氏族社会的遗风较多，宗族观念淡薄，居人又以巫来象征各种各样的自然神（如太阳神、云神、湘水神等）。这种象征自然神的巫虽名曰"灵保"（如《九歌·东君》之"思灵保兮贤姱"），实际也是"尸"这一角色的转换。

从文化传承上来说，古代祭祀设"尸"，首先是为了尽孝道。《中庸》曰："敬其所尊，爱其所亲，事死如事生，事亡如事存。"正是基于这种"事死如事生，事亡如事存"的信念，所以古人的家庭概念也与后世有所不同。古人把死去的祖先也算作家庭成员（见《周易·家人》），并通过"尸"实现生者与亡者的交流。正如汉代的郑玄所说："尸，主也。孝子之祭，不见亲之形象，心无所系，立尸而主意焉。"（《仪礼·士虞礼》"祝迎尸"注）所谓"立尸而主意"，也就是通过"尸"以进行交流的意思。在这种交流中，"所使为尸者，于祭者子行也；父北面而事之，所以明子事父之道也"（《礼记·祭统》）。作为父亲，通过对"尸"的礼敬，便具体阐明了子事父之孝道，从而给为"尸"的儿子做出榜样。这也就是《礼记·坊记》所说的"教民追孝"。

其次，以孙为祖父"尸"，除了"抱孙不抱子"的因素外，还有重继嗣的原因，即显示家族后继有人。由于为"尸"者皆是嫡孙，"尸"既为祖先的象征，又是家族未来的代表，实具有承上启下的意义。所以先秦的丧服制度规定，不但子要为父服最高规格的"斩衰"之丧，父也要为长子服"斩衰"三年（秦汉以后取消）。这种丧仪的根据，便是将嫡子视为家族的继承人，即所谓"尊祖故敬宗"，与以孙为"尸"的用意是相同的。

秦汉以后，由于"昭穆制"行之已久，有些家族的辈分很容易搞混，于是便以数字排列来代替昭、穆的排序。即以始祖为一世，以下按二、三、四……进行排列。如孔氏家族以孔子为一世，排列到孔德成的"德"字辈，便是第77世了。与此相联系，秦汉以后，人们也开始用神主和画像来代替活人所扮的"尸"，"尸"的制度也不复实行了。不过后人每逢春节都要迎接祖先的亡灵回家过年的习俗，则仍保存了先秦时期"尸制"的遗意。

至于"小祖宗"之称，则一直流行于民间。除了母亲昵称儿子外，有些仆人也称年轻的男性主人为"小祖宗"。如《红楼梦》第九回便记宝玉的仆人李贵对宝玉说："小祖宗，谁还敢望你请，只求听一句半句便有了。"宝玉的丫鬟也称宝玉为"小祖宗"，如第五十二回记晴雯的话说："小祖宗，你只管睡罢。"仆人们并不懂"小祖宗"的真正含义，只是在无可奈何之时把它当作一种敬辞来使用罢了。

末篇　饮食

你能分得清"五谷"吗

文化是一个民族的血脉和精神家园，也是一种生活方式，而饮食便是生活方式的一个非常重要的方面。《礼记·礼运》云："夫礼之初，始诸饮食。"不同的民族会有不同的饮食方式，也就会有不同的礼仪文化。而通过饮食考察一个民族的文化，实不失为文化研究的一种重要方法。

先来说说"五谷"。

据《论语·微子》记载，子路随孔子周游列国，一次与孔子失散，便去问田头的一位荷蓧丈人（扛着农具的老人）看见他的老师没有。老人回答："四体不勤，五谷不分。孰为夫子？"意思是说，你这人四肢不劳动，五谷分不清，谁晓得你的老师是什么人？

当年的子路五谷不分，今天的人们就能分得清"五谷"吗？怕也未必。

"五谷者，种之美者也。"（《孟子·告子上》）中国古代的"五谷"一般指稷、黍、麦、菽、麻等五种农作物。具体说：

西安唐村保留的社庙及社树

稷即小米，又称谷子，是所谓"五谷之长"。稷是古代中原地区最重要的粮食作物，既营养丰富，又耐干旱，利储存。《诗经·大雅·生民》曾专门叙述过古代谷子的品种及种植过程。西安半坡仰韶文化遗址出土的陶罐和大地湾一期的灰坑中，都发现有碳化的谷粒。这说明我们的祖先早在六千年前就开始种植稷了。古人还以稷代表谷神，与社神（土神）合称"社稷"，作为国家的代称。《左传·僖公三十三年》："服于有礼，社稷之固也。"《白虎通·社稷》："王者所以有社稷何？为天下求福报功。人非土不立，非谷不食。土地广博，不可遍敬也；五谷众多，不可一一而祭也。故封土立社，示有土尊；稷，五谷之长，故封稷而祭之也。"此可见稷在中国古代文化中的重要地位。

黍即今天北方的黍子，又称大黄米，色黄而黏，可以做糕，亦可以造酒。古代常以黍稷连称，如"黍稷重穋"（《诗经·七月》）、"黍稷方华"（《诗经·小雅·出车》）、"黍稷薿薿"（《诗经·小雅·甫田》）等，可见黍的地位也很重要。作为粮食，黍比稷要好吃（但产量不如稷高），所以《论语·微子》记隐者"止子路宿，杀鸡为黍而食之"。唐代孟浩然的《过故人庄》也说："故人具鸡黍，邀我至田家。"古时，能够有鸡、有黍，便算是比较好的待客之饭了。

麦有大麦、小麦之分，是较早从中亚传入的农作物品种。大麦古称"麰"（móu），也写作"牟"。《论语·告子上》："今夫麰麦，播种而耰之。"《诗经·周颂·思文》："贻我来牟，帝命率育。"意思是说，上帝送给我们麦子，命令用它来养活人民。古时小麦已有春小麦（春播秋收）和冬小麦（仲秋播，翌年孟夏收）之分。东周以前，主要是春小麦。《诗经·七月》讲到庄稼的收获时，说麦与黍、稷、菽一起上场，可以为证。冬小麦在春秋时逐步推广，其时周之温（河南温县）、豫南之陈（河南淮阳）以及汾水流域的晋都种冬小麦，其收获期在夏历四月。到了战国，冬小麦已在黄河流域普及了。但总的来看，麦在五谷中远不及黍稷重要。

菽即豆。原指大豆（黄豆），后亦作为豆类总称。《诗经·七月》之"禾麻菽麦"，《小雅·小宛》"中原有菽，庶民采之"，《大雅·生民》"任菽旆旆"，皆提到菽。菽亦有大菽、小菽之分（见《吕氏春秋·审财》）。大菽即今之大豆，又称荏菽、戎菽，是东北少数民族山戎培育出来的一个品种。旧谓春秋初传入中原，如《管子·戒篇》便说齐桓公"北伐山戎，出冬葱与戎菽，布之天下"。然《逸周书·王会》已记山戎向周成王贡献特产戎菽。观《生民》之"荏菽旆旆"，《七月》之"禾麻菽麦"，可知西周时，周人已开始种植大豆。然不论传入时间早晚，大豆原产东北是可信的。大豆传入之前，中原地区主要是以小菽即黑豆、红豆为主。这与今天陕西、山西仍以产黑豆为主，而东北以产黄豆为主的情况也是相吻合的。

大豆在古代也是人民的主要粮食。《墨子》《孟子》都以"菽粟"连称。如《墨子·尚贤》："耕种树艺，聚菽粟，是以菽粟多而民足乎食。"《孟子·尽心上》："圣人治天下，使有菽粟如水火。"大豆在麦收后播种，且耐干旱、贫瘠、病害，无须施肥（有根瘤菌），又饱含蛋白质，故可保岁备凶。汉代《氾胜之书》说："大豆保岁易为，宜古之所以备凶年也。"（贾思勰《齐民要术》卷二《大豆》引）先秦一般穷苦人常以大豆做饭，豆叶（藿）作羹，"民之所食，大抵豆饭藿羹"（《战国策·韩策一》）。《广雅·释草》："豆角谓之荚，其叶谓之藿。"春秋时已把贵族称为"肉食者"（《左传·曹刿论战》），而把劳动人民称作"藿食者"（《说苑·善说》）。

麻指大麻，古代也供食用，后世尚有食麻粥者。麻又称"苴""枲"等。《诗经·七月》："九月叔苴。"《礼记·月令》记孟秋、仲秋之月"食麻与犬"。然麻的主要用途还是用其纤维织布，古代也常以桑麻或丝麻并称。

"五谷"加稻，是为"六谷"。稻远在七千年前的浙江余姚河姆渡文化遗址中已有出土，可证中国是稻的发源地之一。不过稻在中原种植较晚，约起于周代。《诗经·七月》："八月剥枣，十月获稻。"《周礼·地官》有"稻人"，掌种稻。又"稻粱谋"也指觅食。杜甫《同诸公登慈恩寺塔》："君看随阳雁，各有稻粱谋。"后亦用以喻人的谋求衣食。如龚自珍《咏史》："避席畏闻文字狱，著书都为稻粱谋。"

此外，古书中还常见到一些有关粮食作物的名称，如谷、禾、粟、粱等，在此也稍加分辨。

谷，原指谷子，后为一切粮食的总称，亦即所谓"百谷"的总称。

禾，本指稷，后为一般粮食作物通称，也泛指庄稼。如《七月》："十月纳禾稼，黍稷重穋，禾麻菽麦。"前一"禾"即指庄稼，后一"禾"则具体指稷。再后，禾又指稻或谷子，稻苗、谷苗均可谓之"禾苗"。如"锄禾日当午，汗滴禾下土"之"禾"，便是指谷苗；而"稻禾水足青畴润"（宋吴泳《寿张亨泉提刑三首》）之"禾"则指稻苗。

粟，本指稷或黍的籽粒，如《诗经·小雅·黄鸟》之"黄鸟黄鸟，无集于谷，无啄我粟"。后则用为粮食的通称，如《史记·项羽本纪》："章邯围钜鹿，筑甬道而输之粟。"晁错《论贵粟疏》所"贵"的也是广义的粮食。

梁，稷的良种。黄粱又是粱中上品。《后汉书·五行一》载桓帝初京都童谣："以钱为室金为堂，石上慊慊舂黄粱。"言永乐后（灵帝母）使人舂黄粱而食。而所谓"黄粱梦"之黄粱亦是此物。古人还以"稻粱""膏粱""粱肉"并提，作为精美食品的代称。

中华民族历来是以谷物为主要食物的，身体的消化功能也适应了这一特点。故孔子说："肉虽多，不使胜食气。"（《论语·乡党》）所谓"食气"，即由各种谷物做成的饭料。

说 "蒸饼" 与 "汤饼"

　　"饼"字最早见于《墨子·耕柱》："今有一人于此,……食不可胜食也,见人之作饼,则还(xuán)然窃之。"可见,至迟到春秋后期,中国人已开始"作饼"了。

　　到了汉代,有关饼的记载更多。如《西京杂记》记刘邦父亲"平生所好,皆屠贩少年,沽酒卖饼"。《三辅旧事》亦记"太上皇不乐关中,高祖徙丰沛屠儿、沽酒、卖饼商人,立为新丰县"。《汉书·宣帝记》还说汉宣帝在民间时,"每买饼,所从买家辄大雠(售)"。似此,则汉代卖饼的已十分普遍了。而后世卖饼者也以汉宣帝为祖师爷(见蔡絛《铁围山丛谈》)。

　　饼是用米麦磨粉加水制成的。麦粉做的叫饼,米粉做的叫粢。《说文解字》："饼,面粢也。"粢后来写作"糍",即将大米蒸熟捣碎以后制成的食物。今天还有用糯米做成的糍粑等食品。麦粉做的饼种类更多。东汉刘熙《释名》说："饼,并也,溲面使合并也。……蒸饼、汤饼、蝎饼、髓饼、索饼之属,皆随形而名之也。"不过饼的种类虽多，然人们最常食用的还是蒸饼与汤饼。

"蒸饼"又称笼饼，即用蒸笼所蒸之饼。这类饼开始是死面做的，故称"牢丸"。后来由人工发面，始有"起面饼"，形状也由扁平而逐渐变为圆形，即所谓的"馒头"。宋黄朝英《湘素杂记》云："凡以面为食者，皆谓之饼。故火烧而食者，呼为烧饼；水瀹而食者，呼为汤饼；笼蒸而食者，呼为蒸饼。而馒头谓之笼饼，宜矣。"据说馒头最早是由诸葛亮发明的，本名"蛮头"，后音讹而为馒头。宋高承《事物纪原》说："诸葛亮南征，将渡泸水，土俗杀人祭神，亮令以羊、豕代，取面画人头祭之。馒头名始于此。"《古今事物考》还说诸葛亮最初制作的馒头是有馅的，"杂用羊、豕之肉，而包之以面，像人头以祀"。今南方有些地区尚称包子为馒头，即其遗意。此后，馒头中的馅省去，便成为蒸饼。

到了宋代，为避宋仁宗（赵祯）讳，遂改称蒸饼为炊饼。宋吴处厚《青箱杂记》："仁宗庙讳祯，语讹近蒸，今内庭上下皆呼蒸饼为炊饼。"故《水浒传》中武大所卖之炊饼当系蒸饼，亦即馒头也。这与《水浒传》原书的描写也是相符合的。该书第二十四回写武松外出前告诫其兄说："假如你每日卖十扇笼炊饼，你从明日始，只做五扇笼去卖。"既然炊饼是用扇笼来做，则当然是馒头了（或谓武大所卖之炊饼乃酵面加油叠数层而蒸熟，如同薄饼，与馒头有别）。至于烧饼，乃"火烧而食者"，即将面饼放在炉内或锅中烤制而成，故亦称炉饼，今人或谓之"火烧"。制作烧饼时撒上胡麻（即芝麻），即所谓胡饼。白居易《寄胡饼与杨万州》："胡麻饼样学京都，面脆油香新出炉。"显然，此类烧饼与武大所卖的炊饼并非同一种食品。

汤饼又称煮饼，后世称为面条。在青海省海东市喇家遗址，已出土了距今四千年的面条实物。《后汉书·梁冀传》中还有梁冀"令左右进鸩加煮饼"以毒死汉质帝的记载。魏晋以后，食汤饼者日多。《世说新语·容止》说，何晏"美姿仪，面至白，魏明帝疑其傅粉"，便在夏天赐他食"热汤饼"，结果吃得何晏满头大汗。西晋文学家束皙，不但喜食汤饼，而且写下了有名的《饼赋》："元冬猛寒，清晨之会。涕冻鼻中，霜凝口外。充虚解战，汤饼为最。弱似春绵，白若秋练。气勃郁以扬布，香飞散而远遍。行人失涎于下风，童仆空嚼而斜眄。擎器者舐唇，立侍者干咽。"寒冬的清晨，能够吃上一碗面条，不消说是可以"充虚解战"的。就是在平时，那"弱似春绵，白若秋练"、香气四溢的面条，也足能勾起人们的食欲。你看，不是连走路的人闻到香味都流出了口水，而端盘的竟馋得直舐嘴唇吗？

据宋人程大昌《演繁录》说，唐代以前，做汤饼皆以手托面，"搏而擎置水中"，做法和今天的揪面片差不多。唐代以后，改用刀在案上切面，"不以掌托"，故唐人或名汤饼曰"不托"。唐昭宗说"朕与六宫皆一日食粥，一日食不托"（《新五代史·李茂贞传》），其所谓"不托"，即是面条。"不托"又写作"馎饦"，系取"不托"之音而加"食"旁。宋欧阳修《归田录》（二）云："汤饼，唐人谓之不托，今俗谓之馎饦。"又陆游《岁首书事》诗云："中夕祭余分馎饦，黎明人起换钟馗。"自注："岁日必用汤饼，谓之冬馄饨，年馎饦。"宋代民间也俗称汤饼为"煮面"，以其"硬作熟溲，汤深煮久"之故（见吴曾《能改斋漫录》）。南宋后民间径称"面"，明清以来相沿不变。

汤饼在古代除用为果腹外，还被认为有避邪的作用。南朝梁宗懔《荆楚岁时记》云："六月伏日，并作汤饼，名为'辟恶'。"明清时则不但夏至、入伏要吃"过水面"，连端午节的中午也要吃"加蒜过水温淘面"，以防"中恶"（俗谓五月五日为"恶日"，多禁忌）。由于吃面条能"辟恶"，因此从唐代开始，就有生日食汤饼的习惯了（古人认为，人在生日时最易受邪恶侵害）。今天的生日寿面除了相沿"辟恶"之习外，又取其"绵长"之义，以为寿兆。

面条既赋予食品以丰厚的文化蕴涵，同时，由于食面条时必用筷子，而手指的运动又增强了大脑的活力，故对中华民族的繁衍、强盛也有着不可忽视的作用。

面条作为食品出售，约始于宋代。北宋汴京（今开封）的食店，即有各种臊子的面条出售。南宋时的临安（今杭州），由于北人大量南迁，到处都有面食店，面条的花样也更多。据南宋吴自牧《梦粱录》记载，诸如鸡丝面、三鲜面、盐煎面、炒鸡面、炒鳝面、菜面、笋辣面、素骨头面、子料浇虾臊面等，差不多今日所有的品种，那时都已具备了。

唐代以后，面条开始传往日本及东南亚地区。元朝时意大利旅行家马可·波罗来我国，将面条带回他的故乡威尼斯，从此，意大利人也吃起面条来了。不过，他们的面条是空心的。近代，随着华侨的流布，面条又传到世界各地，并受到许多国家和人民的欢迎。

说"三牲"及肉食

古人以牛、羊、豕（猪）为"三牲"（见《周礼·天官·宰夫》郑玄注）。而祭祀时，三牲俱全被称为"太牢"，只有羊、豕而无牛被称为"少牢"（也有人认为单用牛为太牢，单用羊为少牢）。而三牲便是古人最重要的三种肉食。

三牲中，牛最珍贵，一方面是因为牛的繁殖不及羊、猪等迅速，也因为牛是劳动力，官方明令禁止屠杀。如《礼记·王制》说："诸侯无故不杀牛。"郑玄注："故，谓祭享。"这就是说，除了祭祀以外，是不准杀牛的。当然，这条规定也没有被完全遵守。如《左传·僖公三十三年》记郑国商人弦高犒劳秦国军队，便是以"牛十二犒师"。《史记·冯唐列传》还说："（魏尚）出私养钱，五日一椎（击杀）牛，享宾客军吏舍人，是以匈奴远避，不近云中之塞。"军吏等只要五天吃上一顿牛肉，就可为太守魏尚效命，使边地免受匈奴侵犯，此既可见魏尚以牛肉享军之功效，同时也反衬出汉代食牛肉是多么难得了。正因为如此，古人送礼便常用牛酒，甚至国君慰问功臣也用牛酒。如《战国策·齐策六》："（襄王）乃赐单（田单）牛酒，嘉其行。"《汉书·匡衡传》记汉成帝赐匡衡"上尊酒、养牛"，《汉书·翟方进传》记汉成帝赐翟方进"上尊酒十石、养牛一"。至于《楚辞·招魂》中曾举出的"肥牛之腱"即肥牛的牛蹄筋，以及枚乘《七发》中提到的"犓牛之腴"即小牛的腹下肥肉，这些直到今天，仍然是肉食中的珍品。

古代，比较普遍的肉食是羊肉。故"美""羞"（馐）、"善"等字都从羊，"羹"字也从羔从美。《说文解字》："美，甘也。从羊、从大。羊在六畜主给膳也。美与善同义。"由于羊在六畜中主要是供给人们肉食的，所以"膳"字也以从羊之"善"为音。由于人们对羊肉的嗜好，古时，有的厨师还因为羊肉做得好而被授予高官。如《后汉书·刘玄传》记载，更始帝刘玄喜食羊肉，膳夫倘能做得一手美味烂熟的羊肉，便可被授将封侯，以至时人为之语曰："灶下养（即做饭的），中郎将；烂羊胃，骑都尉；烂羊头，关内侯。"相反，有人吃不上羊肉则会怀恨在心。如《左传·宣公二年》记，宋国主帅华元的车夫羊斟，因为战前没有分食到羊肉，竟在战斗中将主帅的车子直接驶入敌阵，让华元做了俘虏。 这位羊斟还振振有词地说："畴昔之羊，子为政；今日之事，我为政。"可见羊肉对人的情绪影响之大了。

羊也可以单独用于祭祀。《后汉书·礼仪志》云："朔前后各二日，皆牵羊酒至社下以祭日。"羊羔更被认为是一种高贵的祭品和礼物。《诗经·七月》："四之日其蚤（早），献羔祭韭。"这是开冰时的庙祭（或谓祭司寒之神）。羊羔

山东诸城市凉台东汉墓出土之《庖牺图》（摹本）

155

还被士大夫们作为送人的礼物。《礼记·曲礼下》："凡贽，卿羔，大夫雁。"到了后世，羊羔又被作为朝廷征聘人才及民间订婚的礼物。《后汉书·陈纪传》说陈纪及其父、弟并著高名，"每宰府辟召，常同时旌命，羔雁成群，当世靡不荣之"。

至于羊肉的做法，古代的技法也很多。除蒸、煮、烧、烤、煎、爆、焖、炖等，我们今天常见的烤羊肉串也是很早就有了。1972年在甘肃嘉峪关发现的西晋墓葬中，就有烤羊肉串的画像砖。1967年在山东诸城县（今诸城市）凉台村发现的大型东汉墓葬中，也有烤羊肉串的画像石，其形制与今天市面上的烤羊肉串毫无二致。

古人食猪肉也比较普遍。中国人养猪，至少已有五千年的历史了。山东大汶口文化的墓葬中即发现有猪骨。汉字的"家"字，原本也是"房下养猪"之义。猪古时称豕，又称彘，小猪称豚。《孟子·梁惠王》："鸡豚狗彘之畜无失其时，七十者可以食肉矣。"《论语·阳货》还记"阳货欲见孔子，孔子不见，归（馈）孔子豚"。可见那时小猪也可以当礼物送人。《史记·项羽本纪》还记项羽赐樊哙"一生彘肩（煮熟后又放凉的猪蹄膀），樊哙覆其盾于地，加彘肩上，拔剑切而啖之"。大概味道是不错的。古代养猪之地称"豕牢"。《晋书·愍怀太子传》："（太子）尝从帝观豕牢，言于帝曰：'豕甚肥，何不杀以享士，而使久费五谷？'帝嘉其义，即使烹之。"《三辅决录》（见《太平御览》九〇三）还说："马氏兄弟五人，共居此地作客舍，养猪卖豚。"随着人们对猪肉的嗜好，养猪卖豚已成为一种生财之道了。

除"三牲"外，古人还喜欢吃狗肉，故孟子以"鸡豚狗彘"并提。古代有专门掌管养狗之官。《周礼·秋官·司寇》："犬人，掌犬牲，凡祭祀，共犬牲……凡相犬、牵犬者属焉。""犬人"既负责供给祭祀用犬，又领导着相犬、牵犬的属员。早在先秦时期，筵席上就已经有狗肉了。《礼记·王制》记有虞氏"养老"之"燕礼"，便是"其牲用狗"（陈澔注）。又据《周礼·天官·食医》说，"犬宜粱"，即是说，食狗肉时所配的主食应是黍米饭。这是就王室而言，至于平民，自然没有这样讲究。《国语·越语上》记勾践为复兴越国而繁殖人口，其奖励的规格也不过是"生丈夫，二壶酒，一犬"而已。

狗有"吠狗"（看家狗）与"走狗"（猎狗）两种，皆可杀而食之。《左传·昭公二十三年》记鲁国大夫叔孙离开晋国时，及将归，曾杀其"吠狗"以与吏人食之。《晏子春秋》还记齐景公的"走狗"死了，景公"趣（促）庖治狗，以会朝属"。古时走狗不用时也会被杀食，故韩信临死时才说："狡兔死，走狗烹。"（《史记·淮阴侯列传》）由于食狗者多，所以屠狗也成了一种专门的职业。如战国时的刺客聂政，汉初的大将樊哙，早年都曾做过"狗屠"。唐以后，中国人才很少吃狗肉了。

最后顺便提及的是，中国古代的肉比鱼珍贵。当年孟尝君门下之客分为三等："上客食肉，中客食鱼，下客食菜。"（《战国策·齐策四》吴师道注引《列士传》）。古代，只有做大官的才能食肉，故高官又被称为"肉食者"（见《左传·庄公十年》）。而普通人，只有家庭生活经营好了，七十岁的老人才能吃上肉（见上引《孟子·梁惠王上》）。

古人吃什么样的蔬菜

古人不但重视谷物，也喜食蔬菜。《说文解字》："谷不熟为饥"，"蔬不熟为馑"。可见，在古人的饮食结构中，蔬菜同样是不可少的。

与"五谷"相对应，古代也有"五菜"。据《内经·灵枢·五味》说，"五菜"分别是葵、韭、藿、薤、葱。

葵，又名露葵、滑菜，为百菜之主。古人常食者为冬葵，秋天种植，当年即可采其苗叶为蔬，而其宿根至来年春仍可发芽。葵味甘而无毒，又有宜脾滑肠之功效，故可备四时之馔。早在《诗经·七月》中即有"七月亨（烹）葵及菽"的记载，《周礼·天官·醢人》还记有"葵菹"，即用葵叶制成的酸菜。甚至连孔子也提到过葵。《左传·成公十七年》引孔子的话说："鲍庄子之智不如葵，葵犹能卫其足。"意思是说，古人食葵，仅掐其嫩叶，而不会伤其根。而葵之所以被列为"五菜"之首，很重要的一个原因是它适应性强，本丰而耐旱，不拘肥瘠之地，到处都有生长。《汉乐府·十五从军征》便记一老兵在退役之后，于故居的废墟上见到了"旅葵",即野生之葵,并"采葵持作羹"。但由于食物结构的变化,唐代以后便无人再种葵,今天也无人食葵了(或云尚有食者,今湖南人所食之冬苋菜即古之冬葵)。近年来菜市场上卖的秋葵,乃是葵的另一品种,并非古人所常食之冬葵。

藿即大豆的嫩叶,在古代常被穷苦人用来作羹,即所谓"民之所食,大抵豆饭藿羹"(《战国策·韩策一》)。古人还常将"葵藿"连称,如南朝宋鲍照《东武吟》:"少壮辞家去,穷老还家门。腰镰刈葵藿,依杖牧鸡豚。"可见,葵、藿在古代都是最普通的蔬菜。今天,除了在餐桌上偶尔能见到炒豆苗之外,作为蔬菜的藿也无人再食了。

韭者,久也,可一种而久生,故名。韭是一种早春的蔬菜,故常被用于祭祀。如《诗经·七月》便有"四之日其蚤(早),献羔祭韭"的记载。"四之日"即夏历二月,其时韭菜刚刚长出嫩叶,新鲜无比,故与羊羔一同被作为庙祭的祭品。即在平时,韭菜也是古人的一道美味。如杜甫诗"夜雨剪春韭,新炊间黄粱"(《赠卫八处士》),苏轼诗"渐觉春风料峭寒,青蒿黄韭试春盘"(《送范德孺》),都流露出对韭的喜爱。春韭既可入"春盘",又能与"黄粱"相配,可见其味道是多么鲜美。

薤,又称野蒜、山葱等,今俗谓之藠头,是一种叶类葱,而根如蒜的百合科多年生草本植物。其白色球状鳞茎称薤白。薤在古代既可用于调味,又可作为蔬菜单独食用,而且是一种美味。宋罗愿《尔雅翼》云:"物莫美于芝,故薤为菜芝。"宋代诗人张耒也在《种薤》诗中写道:"薤实菜中芝,仙圣之所嗜。轻身强骨干,却老卫正气。"薤之根茎,无论煮食还是醋腌皆宜。早在《礼记·内则》中,就有"切葱若薤实诸醯(醋)以柔之",即用醋腌薤的做法。而白居易诗"酥暖薤白酒"（《春寒》）所说的则是另一种做法，即以酥炒薤白投放酒中。与葵、藿一样，薤作为蔬菜，今天也很少有人再食用了，但作为中药的薤白还一直被医家沿用。不过在中国文化史上，薤却留下了不灭的印记。由于薤叶表面光滑，露水在上很快便干了，故"薤露"常被用来比喻人生短暂，并被谱为歌曲。先秦时期宋玉在《答楚王问》中便提到《薤露》之曲，说有人歌此曲，"国中属而和者数百人"。到了汉代，《薤露行》又被作为挽歌。

葱原产于中国。因其调味、单食俱佳，且具有一定的医疗功用，故与韭菜一样，成为古今之人一直喜食的"五菜"品种。

除"五菜"外，古人常食的蔬菜还有葑、菲、壶、菘等。《诗经·谷风》："采葑采菲，无以下体。"其所谓"葑"即蔓菁，"菲"即萝卜。蔓菁又名芜菁，俗称大头菜，其块根肉质，可供蔬食，而且因为生长速度快，一两个月即可食用，故又被当作救荒食品及军粮之补充。如《后汉书·桓帝纪》记永兴二年（公元154年）六月，因蝗灾与水患，五谷不登，桓帝即曾下诏"令所伤郡国种芜菁以助人食"。而诸葛亮平定南中时，于行军途中也曾令军士多种蔓菁以济军食，故蜀人至今尚呼蔓菁为"诸葛菜"（见刘禹锡《嘉话录》）。萝卜也早在先秦时期即有栽培，并被食用。《尔雅》称萝卜为芦菔，北魏贾思勰《齐民要术》中更有萝卜栽培方法的记载。此外，《诗经·七月》还记"七月食瓜，八月断壶"，其所谓"壶"即葫芦，其内瓤在古代也是一种重要的蔬食。今天人们作为蔬菜食用的瓠瓜，即葫芦的改良品种。

菘即今天所说的大白菜。因其性凌冬不凋，有松之操，故谓之"菘"。而"秋来晚菘"与"春初早韭"一样，都被古人称作美食（见《南齐书·周颙传》）。如宋代范成大在《田园杂兴》诗中就咏道："拨雪挑来塌地菘，味如蜜藕更肥浓。"

苏轼在《雨后行菜圃》中更说："白菘类羔豚，冒土出蹯掌。"足见大白菜从古到今都是人们喜欢的蔬菜。

除栽培的蔬菜外，古人也食野菜，而最常食者为薇菜与荠菜。薇即野豌豆苗，又名大巢菜，是一种多年生草本植物，在古代曾广泛生长。当年伯夷、叔齐隐居首阳山（今甘肃渭源县境内），不食周粟，即以薇充饥。《诗经·小雅·采薇》中也记周代戍边的士兵曾以薇果腹。迨至后代，"薇"遂成为一种文化符号，即坚毅卓绝精神的象征。苏轼与陆游都食过薇。苏轼不但在黄州东坡种薇，而且留下了咏薇的《元修菜》一诗。陆游也留有《巢菜诗》一首，记其"自候风炉煮小巢"的兴致。今天，薇的分布地域已大大缩小，只在甘肃文县及陕西宁强一带的山中尚有生长，而且多用以出口（主要销往日本），国人很少食了。

荠菜是十字花科的一种一年或两年生草本植物，以其营养丰富、清香鲜美、药食两用，深受古今人们的喜爱。《诗经·谷风》及《楚辞·九章·悲回风》中都有咏"荠"的诗句。春秋时期的师旷还以荠菜为甘草，观其生长状况以占岁之丰歉（见罗愿《尔雅翼》）。古代，早春食荠已成为一种风习，人们常以荠菜为主料制成春盘互相赠送。时至今日，荠菜仍是野菜中的一种美味。

在古人所食的蔬菜中，还有一些与丝绸之路的开通密切相关。随着张骞"凿空"西域，丝绸之路正式开通以来，汉唐时期，胡萝卜、黄瓜（胡瓜）、芫荽（俗称香菜）、菠菜等蔬菜自中亚传入中国。宋、元以后，随着海上丝绸之路的畅通，辣椒、西红柿、马铃薯等也自南美等地来到中国，成了国人的重要食品。这些蔬菜既丰富了中国人的饮食，也是丝路文化的物质见证。

古人的饮食习惯

据《论语·公冶长》记载，一次，孔子的学生宰予（名我，字子予）"昼寝"，孔子知道后，生气地说："朽木不可雕也，粪土之墙不可圬（粉刷）也。"只是睡个午觉的事，老先生至于发这么大的火吗？这不得不从古人的饮食习惯说起了。

古人一日两餐。早餐约在上午9时左右，称朝食或饔；晚餐在下午4时左右，称哺食或飧。而饔飧连称，便指一天的饮食。如《孟子·滕文公上》："贤者与民并耕而食，饔飧而治。"饮食不能保证，则称"饔飧不继"。这种一日两餐的饮食习惯与古人"日出而作，日入而息"的生活方式是分不开的。古人天一亮就起来干活，到太阳升到东南方的时候（即朝食时分）开始用早餐。饭后继续劳作，直到太阳偏西时（即哺时）再用晚餐，晚餐后不久，太阳便落山了。古人是没有夜生活的，晚上也从不串门，即所谓"昏夜叩门，贤者不为"。这样算下来，一天的工作时间主要集中在两餐之间。倘在两餐之间再睡一个午觉，那就没有时间学习和工作了。所以孔子对宰予的"昼寝"大发脾气，也就不难理解了。

席地而坐是古人的另一种饮食习惯。古时候人们吃饭没有坐具，就直接坐在席子上用餐。后来有了案，便将食器放在案上，再将案摆到席上。《后汉书·梁鸿传》记："（梁鸿）每归，妻为具食，不敢于鸿前仰视，举案齐眉。"此即成语"举案齐眉"的由来。而梁鸿之妻既然能将案举起，则案也不会太大。《周礼·冬官考工记·玉人》云："案十有二寸。"周代一尺相当于今天的23厘米，"十有二寸"也不过27.6厘米左右。汉尺稍大一点，也与周尺差不多。可见，古代所谓"食案"，不过是一种30厘米见方的托盘样器具，家庭主妇都能举起。当然，举案者也不限于女性，如《史记·田叔传》记："（高祖）过赵，赵王张敖自持案进食，礼恭甚。"赵王张敖亲自举案给刘邦进食，便反映出张敖对刘邦的恭敬态度。这种于案上就食的习俗，直到六朝时期仍保持着。南朝宋鲍照《拟行路难》（其六）云："对案不能食，拔剑击柱长叹息。"其所谓"案"，亦是这类食案。由于案很小，也不可能与别人共食，所以古代的饮食多是分餐制，就像京剧舞台上所表现的那样。后来有了胡床，又有了圆桌，这才有了聚餐。所以今天又开始盛行的分餐制，实是对古代饮食文化的一种继承，并非新的发明。

用手抓饭也是古代的一种饮食习惯。先秦时期，人们所吃的米饭大都是小米饭或黍米饭，吃这种饭是不用筷子的，而是直接用手抓，即《礼记·曲礼上》所说的"饭黍毋以箸"。其具体做法是：饭抓回后先在手心里停一下，然后送入口中。而每次抓饭前，手都要先在准备好的凉开水中蘸一下。正因为如此，《礼记·曲礼上》又说："共饭不泽手。""泽"即污泽，脏也。唐代孔颖达的《礼记正义》对此解释道："古之礼，饭不用箸，但用手。既与人共饭，手宜洁净，不得临时始捼莎手乃食，恐为人秽也。"所以，古人不洗手是不能吃饭的。吃肉也是同样。肉煮好后，先用匕（即勺）将其盛在俎（一种小的木板）上，然后拿刀切割，再用手送进口中。古代称美味的肉食为"羞"。如《周礼·天官·膳夫》："掌王之食饮膳羞，以养王及后、世子。"而"羞"字之义，据《说文解字》是以手进献羊肉，亦即后世之所谓手抓羊肉也。

唐代韦氏家族墓中壁画《郊野聚饮图》

中国人就餐普遍使用筷子，当是汉代以后的事了。筷古称箸，起源甚早。据说殷纣王曾为"象箸"（《韩非子·喻老》），即制作象牙筷子。但先秦时期筷子并不普及。汉代以后，使用筷子的记载遂常见于文献。如《汉书·周亚夫传》记："（景帝）召亚夫赐食，独置大胾，无切肉，又不置箸。亚夫心不平，顾谓尚席取箸。"可见，景帝时，食肉已必须用筷子了。到了六朝时期，筷子已是必备的食具。《世说新语·忿狷》记"王蓝田（述）性急，尝食鸡子，以箸刺之不得，便大怒，举以掷地"。连吃鸡蛋都用筷子，足见其时筷子已完全取代匕、刀，成为中国人最重要的食具了。而汉以后两千多年间，筷子更被视为中国饮食文化的象征。

此外，古人还有一些良好的饮食习惯，而以孔子为代表。孔子饮食有三个特点：

一是"九不食"，即九种情况下的食物不吃。据《论语·乡党》记，这九不食是：

食饐而餲、鱼馁而败，不食；色恶，不食；臭恶，不食；失饪，不食；不时，不食；割不正，不食；不得其酱，不食；……沽酒市脯，不食；不撤姜食，不多食。

粮食霉烂发臭、鱼和肉腐败，孔子不吃；食物的颜色难看或味道难闻，孔子不吃；不是时令的蔬菜即所谓"不时"之物（也有人释"不时"为不到吃饭之时），孔子更不吃；即使正常的食物，如不按一定方法砍割的肉（即"割不正"），或烹调不当的食品（即"失饪"），或没有调味的酱醋佐餐，或从集市上买来的酒和肉干，孔子也不吃。而且，每次吃完饭，姜不能撤除，他还要再吃一点，但吃得不多。可以看出，孔子对食物的选择是十分严格的，也是符合现代的卫生标准的。尤其是对"不时"之物的抵制，更是具有超前的意识。至于食姜的习惯，与时下流行的"冬吃萝卜夏吃姜"的说法也颇相吻合。

二是"食不厌精，脍不厌细"（《论语·乡党》）。所谓"精"，是指对食物加工得精；所谓"细"，是指对鱼和肉切得细。这样做有助于食物的消化和吸收。过去曾有人据此得出孔子生有胃病的结论，那不过是调侃之词罢了，我们从文献上并未见孔子患胃病的记载。即使是周游列国期间，"厄于陈蔡"，绝粮七日，弟子饥馁皆病的情况下，孔子也依然讲诵、弦歌不止。这不能不说是得益于他平时对身体的养护。

三是"肉虽多，不使胜食气"（《论语·乡党》）。"食气"即谷物做的饭。这是说，席上的肉再多，吃它也不应该超过主食。这是非常有科学道理的。中华民族历来以谷物为主要食物，身体的消化功能也适应了这一特点。倘多食肉类，要么超出其消化能力，如《黄帝内经》所说："饮食自倍，肠胃乃伤"（《素问·痹论》）；要么造成肥胖，并诱发各种疾病，如《吕氏春秋·孟春》所说："肥肉厚酒，务以自强，命之曰烂肠之食。"而孔子早在两千多年前就已经自觉地遵循以食谷物为主的饮食原则了。

孔子活了73岁，这在人的平均寿命只有三四十岁的春秋时期应算是高寿了。而且，直到晚年，孔子的身体也还硬朗，思维也很清晰，71岁时还在作《春秋》。应该说这与他良好的饮食习惯是分不开的。

申篇　茶酒

中国人饮茶的历史

在中国，茶、酒是两种饮料，同时又形成了两种文化，并分别影响了国人数千年之久。因此，要深入理解中国人的生活方式乃至中华民族的传统文化，就不能不对它们的起源、饮用历史及文化蕴涵进行研究。

茶与咖啡、可可并称世界三大饮料。不过中国人的饮茶，最早却是从药用开始的。据说神农氏尝百草，日遇七十二毒，得茶而解之，于是，原始时代的人们便有意识地用茶来治病了。此虽系传说，但茶的消腻、解暑、除烦、提神功效很早即已为中国人所认知，却是事实。我们现今所能见到的最早有关饮茶的记载，应是西汉王褒的《僮约》。《僮约》是王褒与家僮于汉宣帝神爵三年（公元前59年）所立的契约，文中规定了家僮应做的各种事情，其中就有"烹茶尽具"及"武都买茶"两项。王褒是蜀郡资中人。这说明其时的蜀地不但饮茶成风，并有了专门的茶具，而且茶叶已经成为商品，还出现了像武都（郡治在今甘肃西和县西南。一说是四川绵竹县北的一座山名）这样的茶叶市场。可见，茶叶最早是由西南地区传入中原的。正如顾炎武《日知录·茶》所说："自秦人取蜀，而后始有茗饮之事。"

到了三国魏晋时期，饮茶之俗已遍及东南地区。据《三国志·吴书·韦曜传》记，吴主孙皓宴客，因韦曜不善饮，孙皓"或密赐茶荈以当酒"。寇宗奭《本草衍义》（卷十四）还记，"晋温峤上表，贡茶千斤，茗三百斤"。《洛阳伽蓝记》（卷三）亦记琅琊王肃在南朝时"好茗饮"，后事北魏，仍"渴饮茗汁"。而南北朝时期，随着佛教的兴盛，"令人少睡"（《神农本草》）的茶更受到了僧人的喜爱，茶饮之俗开始在寺庙中流行开来。又因为茶亦可助谈兴，所以人们纷纷以茶代酒，官宦之家也转而以茶果待客。这样便出现了"芳茶冠六清，溢味播九区"（晋张载《登成都白菟楼》）的饮茶盛况。"六清"即《周礼》所说的"六饮"（见《周礼·天官·浆人》），是专门供给国王的六种饮料。茶既已冠于"六饮"之上，可见其在人们生活中的位置了。

而喝茶变成中国人普遍的生活习惯则始自唐代。唐代茶叶的产量大增（中国茶之有税即始于唐），所以普通百姓也开始饮茶了。而文人们不但爱茶，还留下了一大批与茶相关的诗歌。像杜甫的"落日平台上，春风啜茗时"（《重过何氏五首》之三）及白居易的"食罢一觉睡，起来两瓯茶"（《食后》），便是咏茶的名句。唐代的卢仝还专门写有《饮茶歌》（或称《七碗茶诗》），把饮茶的过程及感受描写得细致入微，更是咏茶的名篇。不过，将饮茶提升为一种文化现象并影响中国千余年之久，则与唐代的"茶圣"陆羽及其所编撰的我国第一部茶叶专著《茶经》有关。在陆羽之前，茶的名称很多，或称茶，或称槚，或称蔎，或称茗，或称荈。至陆羽，则一律称为茶。至于饮茶的方法，自汉至唐，基本是"烹"或"煎"，即将茶叶与葱、姜、枣、橘皮、茱萸、薄荷等一同放在釜中烹煮，颇似后世所喝的菜汤。而陆羽则通过自身的实践，不但规范了团饼茶的制作，还提倡茶的清饮，即不再将茶与各种作料同煮。此后，唐人饮茶便是先做成茶饼以令其风干，待饮用时再碾成细末，并经筛箩后入水烹煮。1987年在陕西扶风县法门寺塔基下出土的一套茶笼、茶碾、茶箩等，便是唐人所用的茶具。

法门寺出土唐代御用鎏金茶具

宋代仍将茶叶制成茶饼，只不过在饮用时又改唐代的煮茶法为点茶法，并盛行斗茶。所谓"点茶"，也是先将茶饼碾成粉末，再用茶箩筛过，然后"候汤"，即等候点茶用水的沸滚程度。待正式点茶时，首先将适量茶粉放入茶盏中，接着将火候适当的沸水注入茶盏，并将茶粉调成膏糊状，随后边添加沸水，边用茶匙击拂，直到茶汤表面呈现出满意的颜色。如是白茶，则以颜色鲜白为佳。"斗茶"则是由唐代的"茗战"演变而来的一种"茶戏"，实际是比试点茶的技巧。其品评的标准是："视其面色鲜白，着盏无水痕为绝佳。"（蔡襄《茶录》）而高明的点茶者更会令茶盏中出现各种奇特的乳花及物象，即所谓"捧瓯相近比琼花"（宋徽宗《宣和宫词》），从而以乳花之花样来较胜负。斗茶所使用的主要是建茶中的白茶。为追求黑白分明的效果，建窑所出的黑磁茶盏（即所谓兔毫盏）也便成为点茶用具的首选了。

由于宋代的饮茶技艺具有可观赏性，所以宋人已将饮茶过程当作一种领略美的过程，并将斗茶的习尚普及到全社会。上至皇帝、达官贵人，下至文人墨客、市井之民及贩夫走卒，全都热衷于此，从而形成了"全民斗茶"的盛况。宋徽宗不但著

元代赵孟頫《斗茶图》

有《大观茶论》，还亲自点茶、斗茶，并将茶汤分赐群臣。甚至连妓女也精于此道。苏轼的《天际乌云帖》曾记"杭州营籍周韶，多蓄奇茗，常与君谟斗，胜之"。蔡襄嗜茶是有名的，他不但著有《茶录》，而且直到晚年不能喝茶时，仍天天烹茶以自娱。但他的茶艺却败给了一位妓女，可见宋人斗茶技艺之高了。此风亦下延至元代，赵孟頫的《斗茶图》即描绘了四个贩茶者在途中休息时也不忘斗茶的情景。那活灵活现的神态，看后令人忍俊不禁。

到了明代，茶叶已不再制成茶饼，而是用炒青法，即将茶叶加工为全叶散茶。饮用时也一改煮、点之法，而直接用开水沏泡。沏泡法既保持了茶叶的自然本色，又便于操作和观赏，并增加了饮茶的趣味性，从而令饮茶更广泛地进入了中国人的日常生活之中。这是茶叶史上一次具有划时代意义的变革。直到今天，中国人的饮茶方式仍是以沏泡为主。

清人饮茶不但继承了明人的沏泡法，而且茶的名目也越来越多，茶具也越来越讲究，并形成了若干与茶相关的习俗，如"吃茶订婚""端茶送客"之类。于饮茶的环境，也更趋向于松月下、花鸟间，素手汲泉，红妆扫雪，共品佳茗了。

时至今日，茶不但已成为中国人日常生活的必需品，即所谓"开门七件事，柴米油盐酱醋茶"，而且茶文化也早已融入了中华传统文化之中。2019年12月，联合国确定每年的5月21日为"国际茶日"。这不但彰显了世界各国对中国茶文化的高度认可，也加深了世界范围内茶文化的交融与互鉴，从而让更多的人知茶、爱茶、品茶，共同享受包含茶香、茶韵的美好生活。

清——饮茶的最高境界

鲁迅先生说："有好茶喝，会喝好茶，是一种清福。"（《喝茶》）我们从《鲁迅日记》上看，先生也确实是经常买茶并饮茶的。而先生所谓"清福"，实际是饮茶的最高境界，即"清"。具体说，当有以下三方面的含义：

一是清静。鲁迅身处纷乱的社会，一杯茶在手，自然可以暂时忘却周围的世界，获得片刻的清静与休闲。就是在今天，那些心情浮躁的人们，还有为工作和各种事务烦心的人们，倘能坐下来喝一杯茶，也是可以静心的。正如唐代诗人韦应物所说，茶之功用，"洁性不可污，为饮涤尘烦"（《喜园中茶生》）。看着茶杯中冒出的缕缕雾气，闻着茶水中散发的阵阵清香，人们的心情便会好了许多。此时，城市的喧嚣不闻了，工作的繁忙摆脱了，心中的烦恼也没有了，所有的只是心清与气爽。而这也就是庄子所说的"必静必清，无劳女（汝）形，无摇女精，乃可以长生"（《庄子·在宥》）的境界。

倘能约上二三好友一起品茗，更是可以敞开心扉，促膝而谈，而且越饮越感到心情愉悦，越谈越觉得友情绵长。唐代大书法家颜真卿在《春夜啜茶联句》中说："泛花邀坐客，代饮引清言。"入口清茶，出口清言。饮茶时那份幽韵如云、不绝如缕的感觉是会令人陶醉的。与酒场上会有争吵甚至打起来的情况不同，茶座上总是安静的，饮茶者也总是沉稳自若的。这种精神似乎也传到了国外。日本茶道的"和敬清寂"不消说是在营造一种清静的境界，就是英国议会开会，据说为了不让议员们吵起来，也要备茶以创造一种舒缓的气氛。

诸葛亮在《诫子书》中曾说："澹泊以明志，宁静而致远。"诸葛亮是否饮茶不得而知，但饮茶的确可以使人心境宁静。而这种"静"，实际是一种不含任何杂念的精神境界。正如诸葛亮所说，只有达到了这种境界，才能"静以修身"，静以治学，静以致远。而一旦时机到来，又可以静中寓动，以静求动，动静相辅而相成，干出一番成功的事业来。后人所谓"万物静观皆自得"（程颢《偶成》）、"每临大事有静气"（翁同龢联语），说的便是这样一种境界。即使是僧人饮茶，除了驱赶瞌睡的因素外，很大程度上也是为了除去杂念，从而使心情沉静下来，以利修行。

二是清淡。饮茶本来就是一种清淡的生活方式。它没有酒场的热烈气氛，饮者也不具饮酒者的豪情。正如周作人所说："喝茶当于瓦屋纸窗下，清泉绿茶，用素雅的陶瓷茶具，同二三人共饮，得半日之闲，可抵十年的尘梦。"而他所理解的茶道便是"忙里偷闲，苦中作乐，在不完全的现世享乐一点美与和谐，在刹那间体会永久"（皆见其《喝茶》）。其所谓"美与和谐"，即是一种清淡的美；所谓"在刹那间体会永久"，即是以清淡为永久。饮茶者看见眼前那杯清澈的茶水，自然会产生一种清淡的美，并愿这种美永远驻留于自己的生活之中。

《淮南子·主术训》说："非澹薄无以明德，非宁静无以致远。"这应是诸葛亮"澹泊以明志，宁静而致远"之所本。而两者所共同强调的"澹"，既指恬澹寡欲，也有对名利的不刻意追求和对统治者的不趋炎附势之义。这是一种高尚的情操。而饮茶的清淡，那"不令人醉，微觉清思"（唐代吕温《三月三日茶宴序》）的感觉，当会有益于这种情操的养成。

三是清雅。饮茶既是一种清淡的生活方式，又寓有一种高雅的趣味。饮茶可以使人不俗。即使饮茶的条件简陋，也可以使人产生雅兴。而这种雅兴，首先来自饮者发自内心地对茶的色、香、味之美的体验与欣赏。一杯好茶，往往能令人产生许多好的联想。当年的苏东坡即将好茶比作佳人，并说"从来佳茗似佳人"（《次韵曹辅寄壑源试焙新芽》）。这大概是茶的优雅习性、可人气质，与佳人的美好韵致有些相似的缘故吧。近世的林语堂则更是将茶的"三泡"与三种不同年龄段的佳人相联系。他说："严格地说起来，茶在第二泡时为最妙。第一泡譬如一个十二三岁的幼女，第二泡为年龄恰当的十六岁女郎，而第三泡则是少妇了。"（《生活的艺术》第九章《茶和交友》）其风趣的比喻，既道出了饮茶的要妙，又令人解颐。当然，他还有更进一步的话，说"一个妓女如果有了品茶的资格，则她便可以跻于诗人文士所欢迎的妙人儿之列了"。这句话，我们只需听着便是了。

其次，喝茶可以使人心平气和，神志清醒，从而"以一个冷静的头脑去看忙乱的世界"（林语堂语），这样便可以令人思维活跃，雅兴大发，妙语连珠。所以中外很多名人的一些振聋发聩的高论，常常是在茶座或与朋友饮茶时发出的。中国近代的著名文学社团文学研究会，据说是在北京"来今雨轩"中的茶座上成立的。鲁迅在北京时，也常常同钱玄同、刘半农、孙伏园等好友一起在茶楼饮茶，并多次"茗谈至晚归"。而一次好的"茗谈"，倘记下来又往往是一篇绝佳的文章。据著名楚辞学家姜亮夫先生说，当年在昆明时，他与闻一多先生讨论《楚辞·九歌》的学术问题，彼此间许多精辟的见解都是在茶馆中"茗谈"时提出来的，有些已收入了他们的文集。至于国内外的许多沙龙，更是以"茗谈"为主的。还有近年来的一些学术会议，中间也常要安排一段"茶叙"，以便学者们能更随意地进行学术交流。据说，学界不少老先生为研究生讲课时，也常常是在茶香融融中进行的。似此，则饮茶又为授课增添了一种雅趣。

至于文人们边饮茶边写作的逸事，也可以算作是一种雅兴吧。唐代诗人皮日休与陆龟蒙寓居苏州时就曾经有过茶诗唱和，所形成的《茶中杂咏》（十首）与《奉和袭美茶具十咏》，即被誉为一部诗化的《茶经》，至今脍炙人口。足见宋代诗人周紫芝所说的"诗味颇随茶味长"（《湖居无事日课小诗》其四）是有道理的。直至当代，著名哲学家冯友兰的写作即很得益于他的"申时茶"。著名作家老舍不但嗜茶，而且是边写作边饮茶，无论在抗战时期的重庆北碚还是后来回到北京，这一习惯都没有改变。还有小说家兼散文家的汪曾祺，也说他最初的几篇小说是在茶馆里写成的，并称"我这个小说家是在昆明的茶馆里泡出来的"（《泡茶馆》）。

酒的起源与演变

说到酒的起源，人们常会吟出曹操的名句："何以解忧？唯有杜康。"（《短歌行》）于是很多人便认为酒是杜康所造。成书于战国时的《世本》一书中，也确实有"杜康造酒"的记载。据《说文解字》说，杜康即禹的五世孙少康，为夏初的一位帝王。另外，据《战国策·魏策》记载，古代还有一位比杜康更早的造酒人，那就是仪狄。仪狄为禹的大臣（一说为禹的女儿），据说仪狄将自己造的酒献给禹，禹饮后觉得味道很美，于是便产生了一种预感，说："后世必有以酒亡其国者！"

其实，酒在中国的起源远在夏代以前。换句话说，早在原始社会，酒已经在中国大地上产生了。

酒可分为三大类，即自然发酵的果酒、人工的榨制酒（如黄酒）和蒸馏酒（如烧酒）。果酒最容易制作，产生的时代也最早。原始人类偶然吃了熟透后自然发酵的水果，产生了一种神奇的治病功效，即所谓"舒经活血"，于是便开始有意识地对含糖野果进行人工发酵，这样，最早的酒即果酒也就是单发酵酒便产生了。距今六千年的仰韶文化遗址中出土有若干小型容器（最典型的如安徽蒙城尉迟寺所出土者），据推测，这些容器可能就是用来饮酒的。

以谷物为原料的榨制酒，最早产生于距今四千多年的龙山文化时期，也就是传说中的"五帝"时期。这是古人受剩饭自然发酵而成酒的启发开始制作的。由于最初用来酿酒的谷物多半是黍子，酿出的酒多呈黄色，故称"黄酒"。龙山文化时期的遗址和墓葬中出土有各种酒器，如尊、斝、盉等，便是古人饮酒用的。甘肃武威皇娘娘台附近发现有新石器时代晚期齐家文化遗址（距今四千余年），其中也有单耳彩陶罐及双耳红陶罐等酒具出现。河南偃师二里头早期遗存（约相当于夏代）中还有盉、爵、觚等组合酒器出现，说明夏人的饮酒已经十分讲究了。商代用谷物造酒更加普遍，统治阶级的饮酒之风也很盛，如殷纣王便是"以酒为池，悬肉为林，使男女裸，相逐其间，为长夜之饮"（《史记·殷本纪》）。

以黄酒为代表的榨制酒，其酿造技术是"复式发酵"法，即先使谷物中的淀粉糖化，然后发酵成酒。而复式发酵法便是我国古代在酿酒技术方面的一大发明。我们的祖先很早就发明了以曲酿酒的复式发酵技术。《尚书·说命》记殷高宗对大臣傅说说："若作酒醴，尔维曲蘖。"所谓"曲"即"酒母"，亦即用发酵的发霉、长毛谷物。所谓"蘖"，即"芽米"，是充当造酒原料的发芽谷物。可见，至迟在商代的武丁时期，中国人已掌握了复式发酵法。而欧洲则直到19世纪90年代才从中国学到了由淀粉直接提取酒精的技术。

山东诸城市凉台东汉墓画像石上的酿酒图（摹本）

周秦以后，我国的酿酒技术又

有了很大发展。《礼记·月令》曰："秫稻必齐，曲蘖必时，湛炽必洁，水泉必香，陶器必良，火齐必得。"意思是说，造酒用的谷物要成熟，投曲要及时，浸蒸要清洁，水质要甘冽，器具要优良，火候要适当。这已经将造酒的关键都总结出来了。此后，北魏贾思勰的《齐民要术》、北宋朱翼中的《北山酒经》都谈了各种曲的制法，其中的"饼曲"，至今仍是酿造高粱酒最常用的酒母。

由于古代的酒一般是将黍、稻或高粱（秫）煮烂后，加上曲蘖（酒母）酿成的，未加蒸馏，度数一般都很低，约在12度至18度间，所以刘伶才能"一饮一斛，五斗解酲"（《世说新语·任诞》），李白才会扬言"会须一饮三百杯"（《将进酒》），而武松也可以一饮十八碗了。而且，古时的酒酿好后，一般是汁滓混合在一起的，故饮时先须过滤，即所谓"漉"。陆游《野饭》："时能唤邻里，小瓮酒新漉。"诗中便提到了"漉"。滤酒本有一种专门的工具，而有些文人则因陋就简，直接用头巾来漉酒。如陶渊明"值其酿熟，取头上葛巾滤酒。漉毕还复著（着）之"（萧统《陶渊明传》）。这倒颇有点浪漫的情趣了。酒滤过之后就清了，质量也好了，被称作"清酒"。而未滤的则是"浊酒"，又称白酒，因为酒里有浮渣而显出白色之故。杜甫于安史之乱中回羌村探亲，老乡们来看他，带来的酒

明代丁云鹏《漉酒图》

便什么样的都有："手中各有携，倾榼浊复清。"（《羌村三首》）而杜甫自己平常所饮的则多是浊酒："艰难苦恨繁霜鬓，潦倒新停浊酒杯。"（杜甫《登高》）宋代范仲淹喝的也是浊酒，其《渔家傲》词有句云："浊酒一杯家万里，燕然未勒归无计。"也正因为酒里有渣滓，所以放久了就会变酸。《晏子春秋·内篇问上》

及《韩非子·外储说左上》都讲到古代有卖酒者，"为酒甚美，悬帜甚高"，但因为狗猛而"酒酸不售"。

尽管如此，随着酿酒技术的提高，古代还是出现过一些名酒。如金文中每见赐品中有"秬鬯一卣"的话，《诗经·大雅·江汉》中也有"厘尔圭瓒，秬鬯一卣"的句子。"秬"即黑黍，"秬鬯"即用黑黍和郁金香草酿制的酒。"秬鬯"既然是天子对臣下的最高奖赏，其酒之名贵可知。还有甘肃凉州的葡萄酒和山东的兰陵酒，也是很有名的。王翰《凉州曲》有句云："葡萄美酒夜光杯，欲饮琵琶马上催。"其实，凉州葡萄酒早在汉末即已名扬海内，甚为时人所重了。据《三辅决录》及《续汉书》记载，东汉灵帝时，扶风人孟佗"以葡萄酒一斗"送给"十常侍"之一的张让，张让即"拜佗为凉州刺史"。唐代诗人刘禹锡为此还写下了"为君持一斗，往取凉州牧"（《葡萄歌》）的诗句。至于李白《客中作》"兰陵美酒郁金香，玉碗盛来琥珀光"所咏的"兰陵酒"，实是一种用黍米和药草（郁金香）等酿成的黄酒，也曾驰名一时。

中国何时开始有蒸馏酒，其说不一。李时珍《本草纲目》"烧酒"条云："烧酒非古法也，自元时始创。其法用浓酒和糟入甑，令气上，用器承取滴露。……其清如水，味极浓烈，盖酒露也。"元代中西交通发达，大批阿拉伯人涌入中国，有人推测，可能是阿拉伯人将他们的蒸馏技术传到了中国。不过，从敦煌石窟所保存的西夏壁画来看，在其中的一幅酿酒图中，已经发现了酿造烧酒的蒸馏装置。但即使如此，蒸馏酒在中国的历史也不过八百年之久。采用蒸馏法后，酒的度数大大提高了，一般烧酒多在六十度左右。从此以后，不但饮酒的杯子越来越小（明代开始出现小酒盅），而且很少有人敢扬言"会须一饮三百杯"或是一饮十八碗了。

和——饮酒的最高境界

酒从产生以后，便具备了三项功能——医疗健身功能、礼仪载体功能以及情感表达功能。

最早的酒是用来治病的。自从原始时代的人们偶然吃了含糖发酵的野果，并产生了治的功效以来，酒便与医结下了不解之缘。汉字的"醫"字即从"酉"（酒），《说文解字》也明确指出："酒，所以治病也。"而由粮食配以各种药草酿制而成的药酒，以及在此基础上发展产生的汤液，更是中医治病的重要方法。故最早的中医理论著作《素问》（《内经》之一篇）中便有《汤液醪醴论》一篇，其中提到："古圣人之作汤液醪醴者，以为备耳……邪气时至，服之万全。"而所谓"汤液"，即由各种药物煎熬而成的药液。所谓"醪醴"，即早期的低度酒。春秋时期的名医扁鹊曾说："其（疾）在肠胃，酒醪之所及也。"（《史记·扁鹊列传》）可见，当时的人们已开始用酒来治病了。而后世的人们也遂称酒为"百药之长"。

由于酒是谷物的精华，又能给人们带来祛病健身之福祉，故早期的酒往往带有一种神圣的色彩，并被用于祭祀及各种典礼，这便是它的礼仪载体功能。《周礼·天官·酒正》曰："凡祭祀，以法共五齐三酒。"《礼记·表记》"粢盛秬鬯，以事上帝"、《九歌·东皇太一》"奠桂酒兮椒浆"、《诗经·周颂·载芟》"为酒为醴，蒸畀祖妣，以洽百礼"，所说的都是以酒致祭。祭祀可以使人获得心理上的某种满足，从而调节人与自然的关系，并起到联结整个氏族的作用。而酒实为祭礼的重要载体。

除祭祀外，古代婚姻的"合卺"之礼也是靠酒来完成的。所谓"合卺"，即将一瓠（葫芦）分为二瓢，内中盛酒，婚礼之夕，夫妇各执一瓢而饮。后世之所谓"交杯酒"，即由此演变而来。可见酒在夫妻生活的一开始，就促进了双方关系的融洽。古代还有一种"乡饮酒礼"，即每年的正月十五、十月初一，由地方长官出面组织的一种以崇贤敬老为宗旨的酒宴。与宴者皆年高德劭之辈，为首一人曰"宾"，次曰"介"，又次为"众宾"，合称"乡饮耆宾"。此礼至清末犹存，对培养敬老的社会风气曾起过良好的作用。

此外，国家的礼典要设酒宴以示隆重，军队的出征要靠酒以壮行色，宾客的往来要用酒以表主人的盛情，亲朋的相会要举杯以畅情怀，甚至连古代的学术讨论会也要由一名"祭酒"（后演变为国子监长官）来主持。至于岁时之礼，更少不了酒。如春节之饮屠苏酒，清明之郊外"流杯"，端午之饮菖蒲酒，重阳之饮菊花酒，皆能创造出一种欢快和谐的气氛，从而将人与人、人与自然融为一体。

酒作为礼的载体的特殊作用，很早已为人们所认识。《汉书·地理志》记述凉州风俗曰："凉州之畜为天下饶。……酒礼之会，上下通焉，吏民相亲。"魏王粲《酒赋》更对酒的社会功能作了集中概括："彰文德于庙堂，协武义于三军，致子弟之孝养，纠骨肉之睦亲。成朋友之欢好，赞交往之主宾。既无礼而不入，又何事而不因。"而民间则曰：无酒不成礼。

酒爵

酒作为一种美味，还能令人生情，无论人情、友情、爱情、才情，均可由酒而起。酒也能使人忘情，无论年龄、性别、亲疏、恩怨，又皆可由酒而忘。所以，酒也常常被用于社交场合，成为情感交流的媒介。

喝酒时最能令人放松。三巡过后，不管知己故交还是萍水相逢，更遑论贫富贵贱、男人女人，距离一下子便拉近了，大家全都成了朋友，各自都露出了"真面目"，吐出了平时不肯对人讲的"真言"。酒至情至，一个个真实的自我便在觚光杯影中呈现出来。假如遇到难题，也尽可借酒解围，而又不失人情，无伤大雅。"鸿门宴"上，刘邦以"不胜杯杓"为由逃宴，捡了一条性命。魏晋之际，阮籍则大醉六十日，以避晋文帝提亲。还有当年那位才女卓文君与才子司马相如，为了解决"经济危机"，夫妻二人竟在临邛开起了酒馆，一个"当垆"，一个"涤器"，将卓王孙羞得只好出资"百万"了事。

古今因酒而才情大增的文人很多。"痛饮酒，熟读《离骚》"更曾一度成为名士的标准。陶渊明是以酒大量入诗的第一人，他的《饮酒》诗20首便是"无夕不饮，顾影独尽""既醉之后，题数句自娱"的产品。杜甫称"李白斗酒诗百篇"，而李白自己则在《月下独酌》中说："天若不爱酒，酒星不在天。地若不爱酒，地应无酒泉。天地既爱酒，爱酒不愧天。"唐代还有一位大书法家张旭，"每大醉，呼叫狂走乃下笔，或以头濡墨而书，既醒自视，以为神不可复得也"（《新唐书·张旭传》）。其所谓"神"，即酒，是酒激发了他的创作才情和灵感。至于那位"把酒问青天"以留下千古名词的苏东坡，则更是"饮酒乐甚，扣舷而歌"了。

饮酒虽是一种乐事，然而，正如世间所有的事物都须有度一样，饮酒也不能例外。若一味狂饮，烂醉如泥，甚至丑态百出，违法乱纪，又何谈灵感？又有何创造力？当年的殷纣王曾"以酒为池，悬肉为林，使男女裸，相逐其间，为长夜之饮"（《史记·殷本纪》），便是纵酒，并最终导致了王朝的灭亡。但酒又是禁不了的。周朝建立后，周公下令禁酒，凡周王朝的干部"群饮"都要杀头。迨至三国时期，曹操虽自己饮酒，却在国内实行禁酒，理由是酒可以亡国。但此论一出便遭到孔融的反对。孔融除讲了一通"天垂酒旗之曜，地列酒泉之郡，人有旨酒之德"的大道理外，还十分刻薄地说，也有女人亡国的，何不禁婚姻？曹操借故把孔融杀了，然饮酒者还是不断，只不过给酒另取了"贤者""圣人"的雅号罢了。刘备也是实行禁酒的，他不但禁止国内酿酒，而且连藏有酿具者也要治罪。但这些命令都是很难执行的。唯有诸葛亮既不主张禁酒，亦不主张纵酒。他在《又诫子书》中说：

夫酒之设，合礼致情，适体归性，礼终而退，此和之至也。主意未殚，宾有余倦，可以至醉，无致迷乱。

诸葛亮的意思是说，设酒宴客是为了合乎礼节，表达感情，从而使身心舒适，以恢复人的本性。而礼节尽到，客人退席，这便是最大的和谐与快乐了。倘若主人的情意未尽，客人也还没有到疲倦的程度，可以继续饮至微醉，但不能醉到神志不清的地步。这是诸葛亮有感于蜀中诸将子弟酗酒的现状，而写给他的嗣子诸葛乔（时在陇上统兵运送粮草）的。虽只寥寥数句，却是一篇讲酒文化的绝妙好辞。文中，诸葛亮不但将酒的健身功能、礼仪功能及情感表达功能作了高度概括与精到的论析，还提出了饮酒的最高境界即"和"。而"和"的文化内涵便是"合礼致情，适体归性"，也就是对各项饮酒功能的融会与和合。此与邵雍诗中所说的"美酒饮教微醉后"（《安乐窝中吟》），可谓同得酒文化之真谛。

最后，在对茶、酒的饮用历史及其文化蕴涵分别作了简要论析之后，我们可以说，茶性是温柔的、含蓄的、绵远的，而酒性则是暴烈的、豪放的、快意的。从文化精神上说，两者各具特色。正如明人陈继儒所说："热汤如沸，茶不胜酒；幽韵如云，酒不胜茶。"（《茶董小序》）唐人王敷曾著《茶酒论》一篇，用对话的形式将两者的长短做过比较，其结论是不能以己之长攻彼之短，而两者"切须和同"。这是对的。中国文化的根本特征本来就是和谐的，即天人和谐与人际关系的和谐，而说到底又是阴阳两方面的和谐。一阴一阳之谓道。倘以酒性为阳刚，茶性为阴柔，那么，两者的刚柔并济，正体现了中国传统文化的这一精神。

酉篇　服饰

古人的冠

服饰是文化的具体体现。《世本·作篇》说："胡曹作衣。"又说："伯余作衣裳。"胡曹、伯余皆黄帝时人。《周易·系辞》也说："黄帝、尧、舜垂衣裳而天下治。"可见，中国人从黄帝时期已开始穿上衣裳了。而穿衣戴帽遂成为反映中华民族特征的重要文化现象。

中国人的服饰主要包括头衣（冠、冕）、上衣、下裳，足衣（屦）等几个部分，此外还有身上的各种佩饰。先来谈谈古人的冠。

冠，又称元服，是古代头衣的一种。古人的冠与今人的帽子不同。帽子的主要功能是保暖，而冠则是一种身份的象征，即古代贵族成年男子的标志。

古代冠的形制也与今之帽子不同。《说文解字》："冠，絭也，所以絭发。"古代中原人蓄长发，所以要将头发绾起来，而冠就是用来绾发的。具体做法是：先将头发在头顶盘成髻，并用一块黑帛包住，然后将一个用竹子做的冠圈套在髻上，再用一根冠梁从前到后覆在头顶。而冠圈两旁有两根丝带垂下来，可以在颌下打结，从而将冠固定于头顶。垂下来的两根丝带叫"缨"，缨打结后余下的部分叫"绥"。所以《史记·滑稽列传》说"淳于髡仰天大笑，冠缨索绝"。而《庄子·让王》也说曾子困窘时"正冠而缨绝，捉襟而肘见，纳履而踵决"。

戴冠时还须用簪或笄横穿过冠圈和发髻，以便让冠更加稳固。杜甫《春望》："白头搔更短，浑欲不胜簪。"其所谓"簪"，便是用以固定发髻和冠的。只是因为杜甫的头发太稀疏了，所以才会产生"不胜簪"之感。簪一头锐一头钝，可用竹子或金、玉、象牙等制成。用碧玉制成者，即所谓"碧玉簪"。妇女所用的簪亦称笄，如果发笄锐的一端分叉，即是"钗"。钗上钝的一头常饰有凤的图形，被称为"钗头凤"。如饰有宝石，便是"宝钗"；如挂有垂珠，便是"步摇"。又因为钗为古代女子习用之物，所以古人也常以"钗黛"（黛为画眉用的青黑色染料）、"裙钗"来指女子。

古代小孩子是不戴冠的，童子的发式是自然下垂，称为"垂髫"。陶渊明《桃花源记》："黄发垂髫，并怡然自乐。""黄发"指老人，"垂髫"指小孩子。待头发长了，便紧靠着发根扎在一起，垂于脑后，称为"总发"。如扎成两束，形成两个抓髻，就称"总角"（谓如兽之两角）。《诗经·卫风·氓》"总角之宴，言笑晏晏"，其所谓"总角"，即指少年时期。也称"两髦"，如《诗经·柏舟》："髧彼两髦，实维我仪。"意谓扎着两个抓髻的少年才是女孩所喜欢的对象。

古代男子要到二十岁才能加冠，届时尚需举行一种仪式，即冠礼。《礼记·曲礼》："人生十年曰幼，学；二十曰弱，冠。"又曰："男子二十，冠而字。"冠礼是由父亲在宗庙中主持的，而加冠则是由来宾即父亲的朋友进行的。加冠后即由来宾取"字"。加冠、取字后便标志着男子已经成人，可以娶妻生子，并可以进入社交领域。此后，除君主、父辈、师长以及自称外，其他人皆不得直呼其名，而只能以字相称。而"冠者"遂为成年男子的代称。如《论语·先进》："冠者五六人，童子六七人，浴乎沂，风乎舞雩。"与男子的冠礼相类，贵族女子则在母亲的主持下，于十五岁时举行笄礼，即结发（将头发在头上盘成发髻）加笄，也表示年届成人，可以结婚了。

　　冠礼是由氏族社会的"成丁礼"演变而来的。成丁礼是氏族社会中男女青年进入成年阶段的必经礼仪。最初，成年人的标志也许还不是冠，而是用树枝或兽皮编成的一个圈，直接套在头上。有这种标志的人就可以参加劳动和战斗，没这种标志者尚属未成年人，不能参加劳动和战斗。可见，冠礼的实质，一是保护未成年人，二是让成年男子时刻意识到自己的社会责任。此礼至魏晋以后停用了。但近年来，各地为十八岁以上的青年男女所举行的"成人礼"，实际又成为古代冠礼的一种延续，只是不加冠而已。这对于唤起当代青年的社会责任感是很有好处的。

　　古代，贵族男子的头衣为冠，而天子、诸侯、大夫之冠则称冕。《说文解字》："冕，大夫以上冠也。"冕为黑色，是一种最尊贵的冠，故后世有"冠冕堂皇"之称。

　　冕的形制与冠不同，下面是一顶帽子，直接戴在头上，上面则覆一块长方形的木板，外面包上麻布或丝织品，叫作"延"。延的前沿有一串串小玉珠，称作"旒"。垂旒的目的是为了遮蔽眼睛，有"非礼勿视"之义。自汉代以后，只有皇帝之冕才能有旒，并规定天子十二旒，每旒十二玉。所以"冕旒"遂为皇帝的代称。如王维《和贾至舍人早朝大明宫之作》："九天阊阖开宫殿，万国衣冠拜冕旒。"其所谓"冕

笄

冕

旒"，即指大唐皇帝。

弁也是比较尊贵的一种冠，有皮弁、爵弁之分。皮弁是用若干块鹿皮拼接而成，每片皆上锐下广，缝合之后，颇似后世之"瓜皮帽"。《诗经·齐风·甫田》："婉兮娈兮，总角丱兮。未几见兮，突而弁兮。"便是说一个少年几时不见，突然戴上皮弁了。弁的各块鹿皮缝合之处常缀有一行小玉石，看上去似小星，所以《诗经·卫风·淇奥》说"会弁如星"。皮弁无延无旒，爵弁则有延无旒，故又称为"无旒之冕"。爵弁也是皮制的，因颜色红里带黑，与雀头相近，而"雀""爵"二字古代读音相同，故而得名。

冠、冕、弁三者皆是古代贵族男子的头服。所不同的是，冠一般指缁布冠，是冠礼上加冠时首先戴的（次为皮弁及爵弁），当然平时燕居在家也可以戴。而在正式的礼仪场合，如祭祀及出聘等，则应戴皮弁或爵弁。至于冕，虽然在春秋、战国以前一般士大夫也可以戴，但自汉代后就为皇帝所专用了。

古人平时戴冠、冕、弁，打仗时还要在冠上加胄。胄，后世又称"兜鍪"和盔。鍪是一种炊具，因胄之形状似鍪，故名。因为古代士兵都要戴兜鍪，所以"兜鍪"又常常用来指士兵。如辛弃疾《南乡子》："年少万兜鍪，坐断东南战未休。"古代戴头盔见尊者、长者是不礼貌的，因此遇上该施礼的人，应"免胄"。如《左传·僖公三十三年》写秦师过周（洛阳）北门，"左右免胄而下"，便算是对周襄王表示敬意的方式了。

话说乌纱帽

今人好以乌纱帽指官职，盖缘历史上做官者常着乌纱帽故也。而乌纱帽究竟是一种什么样的帽子，又自何时起成为官帽，这就要从古代平民的头衣说起了。

古代贵族男子着冠，故所谓"冠盖"（盖即车盖，泛指车），实即仕宦者之称。而古代平民男子头上戴的是"巾"。《释名·释首饰》："士冠，庶人巾。"《玉篇》："巾，佩巾，本以拭物，后人著（着）之于头。"最初，这种巾有两种用途，既可以擦汗，也可以戴在头上。随后才有了专门包头的巾，称为帻。《说文解字》："发有巾曰帻。"《方言》（卷四）："覆结（髻）谓之帻巾。"《后汉书·光武帝纪》"皆冠帻"，注引应劭《汉官仪》："帻者，古之卑贱不冠者之服也。"由于庶人之帻多为黑色或青绿色，所以秦称平民为"黔首"（黑头），汉称仆隶为"苍头"。李白《古风》（之八）："绿帻谁家子，卖珠轻薄儿。"其所谓"绿帻"，也是平民所服。由于帻还有压发定冠的作用，所以后来有些贵族也戴帻，只不过在帻上又加冠而已。戴帻本应覆额，而故意露出前额者称"岸帻"

（岸，露也），表示不拘小节，前人所谓"岸帻风流"者即源于此。

平民所戴的巾中还有一种被称作"陌头"。陌头不像帻那样覆盖在发髻上，而是从后面向前绕过来，再在额上打结，有点类似今天陕北农民用羊肚手巾包头的方法。其名称也有多种，如帞头、络头、缲头、绡头等，皆指这种头衣。《方言》（卷四）："络头，帞头也……缲头也。自关而西、秦晋之郊曰络头，南楚江湘之间曰帞头，自河北以北，赵魏之间曰缲。"《释名》："绡头……或曰陌头，言其从后横陌而前也。"《汉乐府·陌上桑》："少年见罗敷，脱帽著（着）绡头。"少年所着的绡头，即陌头。

陌头音变而为幞头。陆游《老学庵笔记》（卷九）："《孙策传》张津常着绛帕头。帕头者，巾帻之类，犹今言幞头也。"可见宋人所言之幞头，实即三国时之帕头，亦即汉代之绡头也。这种头衣自东汉兴起，到三国魏晋后已广为普及，且其形制也不断改进，除在额前打结外，又在脑后扎成两脚，至北周武帝时"裁为四角，名曰幞头"（马缟《中华古今注》）。再后，前边的两脚取消，而后边的两脚则用金属丝扎起，中间衬上木头片，被称为"展脚幞头"。如将后边的脚向上在脑后相交，则为"交脚幞头"。展脚幞头为文官所常戴，而交脚幞头为武官所戴。由于制作幞头的原料通常为青黑色的纱即乌纱，所以世人便通称此种头衣为"乌纱帽"。

一般认为，乌纱帽始于南北朝时的刘宋时期（见《宋书·五行志一》），并很快成为民间百姓所戴的一种便帽。但由于乌纱帽看上去较雅致，戴起来也比较舒适，所以在隋唐时期便成了自天子以至百官士庶所喜着的头衣了。据杜佑《通典》所记，隋文帝杨坚自开皇初便开始戴乌纱帽，并令朝贵及上下官吏皆着乌纱帽入朝。五代马缟所著的《中华古今注》（卷中）也记："武德九年十一月，太宗诏曰：'自今以后，天子服乌纱帽，百官士庶皆同服之。'"可见，唐代服乌纱帽者已遍及整个社会。而且，唐人的乌纱帽亦无定格，允许别出心裁，这样便出现了不少新的花样。如张籍《答元八遗纱帽诗》云："黑纱方帽君边得，称对山前坐竹床。唯恐被人偷剪样，不曾闲戴出书堂。"

宋代仍称乌纱帽为幞头，而且将幞头作为官服，规定"君臣通服平脚幞头"。其法，以藤草织巾为里，纱为表，而涂以漆。后因漆太坚硬，着之不适，又"去其藤里，前为一

乌纱帽

折，平施两脚，以铁为之"（见《宋史·舆服志五》）。所谓"平施两脚，以铁为之"，即在乌纱帽的两边各加一翅，用铁制成。于是，自宋代起，乌纱帽便由官民通用的便帽而成为君主和官员所服的顶戴了。陆游《探梅》诗云："但判插破乌纱帽，莫记吹落黄金船。"其所谓"乌纱帽"，便是宋代官员常着的"平施两脚"幞头。

明代，朱元璋于洪武三年（公元1670年）也规定乌纱帽为官帽。《明史·舆服志三》："洪武三年定，凡常朝视事，以乌纱帽、团领衫、束带为公服。"其乌纱帽的形制也基本沿袭宋朝，仍于两侧各插一翅。自此，乌纱帽遂成为"做官"的代名词了。所谓"乌纱帽，满京城日日抢"（冯惟敏《清江引·八不用》），即是对追逐官位现象的形象写照。

古代平民所着的巾中还有一种叫角巾。这种巾与帻及幞头略有不同，它已经过一番简单制作，可以像帽子一样直接戴在头上，故又称纶巾（后世亦称诸葛巾）。如苏轼《念奴娇·赤壁怀古》："羽扇纶巾，谈笑间樯橹灰飞烟灭。"书生、儒士常戴角巾，有些卸任的官员也喜欢戴。如《晋书·羊祜传》记羊祜："既定边事，

当角巾东路归故里。"《晋书·王濬传》亦记王濬："旋旆（还师）之日，角巾私第，口不言平吴事。"还有隐逸诗人陶渊明，"值其酿熟，取头上葛巾漉酒，漉毕，还复戴之"（萧统《陶渊明传》）。可见，角巾一直是一种平民打扮，始终未成为官服。直到明代，角巾才进化为一种四方形的帽子，以黑纱制成，呈倒梯形，展开时四角皆方。因寓"四方平定"之义，又称"四方平定巾"，俗称方巾。终明之世，"四方平定巾"与"六合一统帽"（类似清代的瓜皮帽）及"网巾"，便成为民间佩戴最广泛的头衣。

清代，因官服皆改为满洲服饰，官帽亦被换成红缨帽，无檐圆形，后拖花翎，乌纱帽遂不再作为官服了。而我们今天在戏剧舞台上所看到的乌纱帽，实是明代官帽的样式。

"缙绅"与古人的"衣"

中国古代称达官贵人为"缙绅"。如《史记·封禅书》在谈到一些奇怪的言论时说："其语不经见，缙绅者不道。"苏轼《答谢民师书》："某受性刚简，学迂材下，坐废累年，不敢复齿缙绅。"文天祥《指南录后序》也说："缙绅、大夫、士萃于左丞相府，莫知计所出。"那么，"缙绅"一词又是缘何而来呢？说起来，竟与古代的"衣"有关。

衣在古代有广、狭二义。广义的衣指一切可以蔽体的东西，而狭义的衣，尤其是与裳并举时则指上衣。《说文解字》："上曰衣，下曰裳。"有些古代文献中也将衣与裳相对应，如《诗经·邶风·绿衣》："绿兮衣兮，绿衣黄裳。"《齐风·东方未明》："东方未明，颠倒衣裳。"

古人的"衣"有长短之分，短上衣叫襦。如《穀梁传·宣公九年》记陈灵公与其大臣通于夏姬，"或衷（贴身穿）其襦以相戏于朝"。这里的"襦"就是上衣。汉代，辛延年的《羽林郎》亦云："长裾连理带，广袖合欢襦。"所谓"合

深衣

欢襦",即绣有合欢图案的短上衣。而襦亦有长有短,长至膝的称长襦,"施腰者"为短襦,又称"腰襦"或"小襦"。如《孔雀东南飞》之"妾有绣腰襦,葳蕤自生光",杜甫《别李义》之"忆昔初见时,小襦绣芳荪",所说的都是短襦。

上衣中较襦为长的是深衣。深衣是将上衣与下裳连在一起的一种服装,"短毋见肤,长毋被土"(《礼记·深衣》)。深衣是用麻布做成的,故又称麻衣,可尊卑共服。古代士以上的人常穿深衣,而一般人平时只穿襦,深衣只是作为礼服。还有一种是长衣,其形制与深衣基本相同,只是长衣的袖子较深衣为长,而衣服的边缘也用素色,不似深衣以彩帛缘饰,故长衣多为丧事时所穿。

古代贴身所穿的上衣称为亵衣。司马相如《美人赋》:"女乃驰其上服,表其亵衣。"又《诗经·秦风·无衣》:"岂曰无衣,与子同泽。"泽即襗,也是贴身穿的亵衣,如同今之汗衫。亵衣又称"私",如《诗经·周南·葛覃》之"薄污我私,薄浣我衣",所谓"薄污我私",即洗涤我的内衣。《说文解字》还说:"衷,里亵衣。"所以衷衣也是内衣,后来写作中衣。

古人御寒所穿的服装主要是裘和袍。裘是皮衣。不过古人穿皮衣是向外翻的,即反穿皮袄。《说文解字》:"表,古者衣裘以毛为表。"《诗经·小雅·都人士》:"彼都人士,狐裘黄黄。"《诗经·桧风·羔裘》:"羔裘如膏,日出有曜。"既然能看见毛色的黄和白,可见毛是向外翻的。但因兽毛外露,不美观,所以行礼或见宾客时还要套上一件罩衣,叫作"裼"。《礼记·玉藻》:"君衣狐白裘,锦衣以裼之。"裼与裘的颜色要相配,故《论语·乡党》说:"缁衣、羔裘;

素衣，麑裘；黄衣、狐裘。"家居，裘不加裼。庶人所穿的犬羊之裘亦不加裼。《礼记·玉藻》说："犬羊之裘不裼。"

袍是絮了乱麻或旧丝绵的长襦，相当于后世的长袄。古代穿不起裘的人才穿袍。《论语·子罕》："衣敝缊袍，与衣狐貉者立，而不耻者，其由也与！"可见穿袍者要比衣裘者显得贫寒一些。袍亦为战士所服，即所谓战袍。《诗经·秦风·无衣》："岂曰无衣，与子同袍。"后世军人间称"袍襗"，即源于"同袍"与"同泽"之义。不过袍在后世的情况又有些变化，汉以后因有了绛纱袍、皂纱袍，袍倒成为朝服了。

秦兵马俑所着战袍

古代上衣的款式也与今天不同，主要表现在领子、衣襟、袖子及衣带几个方面。

古代上衣的领子主要有两种，即交领与直领。最常见者为交领，即衣领直接与左右衣襟相连，并在胸前相交。古代平民、书生都是交领。直领是从颈后沿颈的左右两侧绕到胸前，平行地垂下来。古代女子及官员闲居时所着的服饰多为直领。这两种领子，今天在古装戏中都还能见到。衣襟古称"衽"。《离骚》"跪敷衽以陈辞"，"敷衽"即将衣襟展开。古代中原人之衣襟右掩，即左襟压右襟，称为"右衽"。"左衽"则为少数民族服饰的特征。《论语·宪问》"微管仲，吾其被发左衽矣"，便是以"左衽"指代蛮夷之服。今日本的和服及朝鲜的民族服饰仍是"左衽"。

古代上衣的袖子都较长，垂臂时手不露出，故有"长袖善舞，多钱善贾"（《史记·范雎蔡泽列传》）及"长袖随风，悲歌入云"（曹植《七启》）的描写。袖又称"袂"。《楚辞·九歌·湘夫人》"捐余袂兮江中",《战国策·齐策》"连衽成帷,举袂成幕",其中的"袂"都是指衣袖。古代袖口外面的一段袖子还有一个专门的名称,叫"祛"。祛较长,与今天戏曲舞台上的水袖相似,所以古人才可以"奋袖""挥袖"与"拂袖"。

此外,古人上衣外面还要系带。带要系在腰部,既不能靠上,也不能往下。带又有大带、革带之分。大带用丝制成,用来束衣。革带上固定有佩物,然后系到大带上。后世之所谓"金带""玉带",其实只是在革带上饰以金、玉等物,并非是由金、玉制成的。大带在腹前打结,余下的部分下垂,称为"绅"。《论语·卫灵公》曾记子张(颛孙师)将孔子的话"书诸绅",就是在下垂的绅上写字。后世把记录重要的言论称作"书诸绅",即由此而来。绅又可泛指大带。"搢绅"即插笏于带。搢,插也,有时也写作"缙"。笏是手板,是臣见君时手中所拿的狭长板子,以竹或象牙制成,用以记事或示意,不用时则插在腰间。于是"缙绅"便成了高官的代称,而"绅士"之义也由此而来。

古代平民的"衣"没有这么讲究。平民所穿的是褐和布衣。褐是粗麻、粗毛织成的粗布,手工编织,类似今天的麻袋片,而且多是"短褐"。《诗经·七月》:"无衣无褐,何以卒岁。"《孟子·滕文公》也说许行之徒数十人"皆衣褐"。可见褐是下层民众所穿的。也正因为褐为平民服装,所以后世读书人便称考取功名而出仕为"释褐"。比较而言,布的加工较褐为细,而所用的原料也主要是麻、葛之类。由于布为平民的主要衣料,所以"布衣"又成为平民的代称。如庄子即曾着"大布之衣"去见监河侯(《庄子·列御寇》),而《盐铁论·散不足》也说:"古者庶人耋老而后衣丝,其余则麻枲而已,故命曰布衣。"诸葛亮的《出师表》在谈到他未出山的情形时也说:"臣本布衣,躬耕于南阳。"

古人的"裳"是裤子吗

古人称下衣为"裳"。但裳不是裤，而是裙。裳古代亦写作"常"，《说文解字》："常，下裙也。"又说："裙，下裳也。"可见裳就是裙。《周易·坤》卦"六五"有"黄裳元吉"之句，可知中国人自遥远的古代就已经开始着裳了。

古代男女皆着裳，也就是穿裙子。《诗经·小雅·斯干》："乃生男子，载寝之床，载衣之裳，载弄之璋。"这是小男孩穿裙。《郑风·褰裳》："子惠思我，褰裳涉溱。"诗言一少女让河对岸的小伙子撩起裳过河来跟她相会，这是少年男子穿裙。《诗经·七月》："我朱孔阳，为公子裳。"这是贵族男子祭祀时所着之裙。《礼记·曲礼上》："暑无褰裳。"意思是说到人家做客，大热天也不要把下面的裳撩起来，这是社交场合穿裙。又，据《南史·张讥传》记载，梁武帝尝以"裙襦绢等"赐给张讥，以表其"稽古之力"。这说明直到六朝时期仍有文人雅士在穿裙。当然，古代女子亦着裳。如《汉乐府·陌上桑》写美女罗敷的打扮便是"湘绮为下裳，紫绮为上襦。"《木兰诗》也说"脱我战时袍，着我旧时裳"。

古代军人上身穿袍，下身亦着裳，即所谓"战裳"。《诗经·秦风·无衣》："岂曰无衣，与子同裳。"《左传·宣公十二年》还记邲之战中，晋军统帅赵旃弃车而入林中，楚军统帅"屈荡搏之，得其甲裳"。"甲裳"，即以皮革制成的裳。这种裳直到后代仍为军人所常着。

唐代佚名《树下美人图》

至于一般裳的形制，刘熙《释名》曾说："裙，群也，连接群幅也。"《仪礼·丧服》"裳内削幅"，郑玄注更具体地说："凡裳，前三幅后四幅也。"古代布帛幅宽二尺二寸，而周尺、汉尺约当今之0.23米，这样，七幅也有3.5米左右了，可能比今天女性所着之裙还要肥大些。

汉代以前，中国男子、女子的服饰差别不大，都是上衣下裳。自汉以后，由深衣发展形成的袍逐渐受到男人的喜爱。而唐宋以后，妇女着裙之风大盛，并发展到女子以裙为常服了。

除裳外，古代也有绔。绔又写作袴，即后来的"裤"字。但上古所谓"绔"与今天的裤并不一样。《说文解字》："绔，胫衣也。"《释名》："袴，跨也，两股各跨别也。"可见古代的绔很像后世的套裤（又称叉裤），只有两条裤筒，而没有前后裆，穿在腿上后，再用丝绳系于腰际。1982年湖北荆州马山一号楚墓中，就发现了一条女主人穿在裳内的无裆袴。20世纪四五十年代，在北方一带农村，有时还能见到这种裤，不过只是春秋季节供老年人着罢了。袴的作用主要是御寒，

《太平御览》引《列士传》："冯援（谖）经冬无袴，面有饥色。"又引《高士传》说："孙略冬日见贫士，脱袴遗之。"此亦可证古代的袴是没有裆的，若像今天的裤，脱起来怕没有这么容易了。

古代有钱人所穿的袴是很讲究的，其衣料用纨，即织造较为细致的生绢。世人遂称富贵者为"纨绮"，并称其子弟为"纨绮子弟"。再后，"纨绮"又被用来指那些富贵而不务正业者。如杜甫诗"纨绮不饿死，儒冠多误身"（《奉赠韦左承丈二十二韵》），陆游诗"布衣儒生例骨立，纨绮市儿皆瓠肥"（《书叹》）。穷苦儒生骨瘦如柴，而纨绮子弟则胖得像葫芦一样圆滚滚的。诗人对社会的不公进行了辛辣的讽刺。

古代有裆的裤子叫"裈"，又叫"穷袴"。据《汉书·外戚传》记载，霍光将自己的外孙女立为昭帝皇后，为使皇后擅宠有子，"虽宫人使令皆为穷绮，多其带，后宫莫有进者"。服虔注说："穷绮，有前后裆，不得交通也。"颜师古注也说："绮，古字袴也。穷绮即今之裈裆袴也。"这是有关"穷绮"的最早记载，在此之前，宫人们都是着无裆袴的，不过外面以裳袭之。

古代男子亦有着裈者。《晋书·阮籍传》载阮籍《大人先生传》："独不见夫虱之处于裈中，逃乎深缝，匿乎坏絮……动不敢出裈裆。"作者所言虽是比喻，但也可见裈是有裆的。而《世说新语·任诞》更记刘伶纵酒放达，或脱衣裸处屋中，人见讥之，而刘伶则说："我以天地为栋宇，屋宇为裈衣，诸君何为入我裈中？"既然能入"裈中"，则裈之有裆可知。

裈中还有一种短裈，类似后世的短裤衩，被称为"犊鼻裈"。《史记·司马相如列传》记司马相如与卓文君出奔后，因没有经济来源，只好又回到临邛，开了一家酒馆，"而令文君当垆，相如身自着犊鼻裈，与保庸杂作，涤器于市中"。裴骃

《史记集解》引韦昭注说："今三尺布作，形如犊鼻矣。"仅用三尺布便可做成，而又"形如犊鼻"（上宽下窄），显然是三角裤头了。这种犊鼻裤一般是穿在里面的，司马相如故意将其穿在外面，是为了刺激岳父卓王孙，以求得资助。犊鼻裤到了魏晋六朝时期仍有人穿着。《世说新语·任诞》记俗于七月七日晒衣，阮咸穷无所晒，遂"以竿挂大布犊鼻裤于中庭"，人或怪之，他则称"未能免俗"。《北史·刘昼传》也说刘昼"少孤贫"，"常闭户读书，暑月唯着犊鼻裤"。由于是"闭户"，所以刘昼也不妨在暑天着犊鼻裤。

蔽膝也是古人的一种下衣，是遮住大腿至膝部的服饰。蔽膝一般用皮革或丝帛做成。《汉书·王莽传》："（王莽）母病，公卿列侯遣夫人问疾，莽妻迎之，衣不曳地，布蔽膝，见之者以为僮使。"王莽未篡时，为了显示自己的俭朴，故意让其妻着布蔽膝。蔽膝又称袆、袯、芾、大巾等。《方言》（卷四）："蔽膝，江淮之间谓之袆，或谓之袯，魏宋南楚之间谓之大巾，自关东西谓之蔽膝。"溯其源，本是原始时代的人们为了遮羞而挡在身前的兽皮之类，后人承其遗意，又制作之。不过其用途已有了改变，由遮羞物而变为装饰品了。又，古人在着蔽膝的同时还着"邪幅"。《诗经·小雅·采菽》："赤芾在股，邪幅在下。""赤芾"即红色的蔽膝；而"邪幅"据郑玄注说，"如今行縢也，偪束其胫，自足至膝，故曰在下"。可见先秦之邪幅，如同汉代之行縢，亦类似于后世之绑腿。当年苏秦在游说途中所着的"赢縢"，也就是这种绑腿布。

谢安真的会笑掉牙吗

　　有人说，东晋的谢安在闻知淝水之战胜利的消息后笑掉了牙。真的会如此吗？事情还得从古人的鞋子说起。

　　鞋，古称屦，是古人的足衣。《礼记·曲礼》云："户外有二屦。"便是说门外有两双鞋子。古人之屦一般用草、麻制成。用麻编织的称麻屦，用草编织的称草屦。草屦在古代尤为常见。如白居易《香山寺石楼潭夜浴》："绡巾薄露顶，草屦轻束足。"苏轼《定风波》"竹杖芒鞋轻胜马"，其所谓"芒鞋"，也是草鞋。除芒草外，蒯、菅、葛也常用来编制草鞋，故草鞋又称"蒯菲""菅屦""葛屦"。如《仪礼·丧服传》疏："屦者，藨蒯之菲也。"《左传·襄公十七年》："晏婴粗衰斩，苴绖带，菅屦。"《诗经·小雅·大东》："纠纠葛屦，可以履霜。"古代草鞋又称蹻、屝、屩（蹻）等。如《孟子·尽心》："舜视弃天下犹弃敝蹝也。""敝蹝"就是破草鞋。《汉书·郊祀志》："诚得如黄帝，吾视去妻子犹脱屣耳。""脱屣"就是脱去草鞋。诸葛亮《与群下教》："违复而得中，犹弃敝

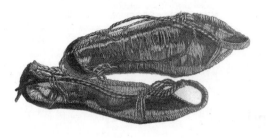

草鞋

蹻而获珠玉。""敝蹻"也是破草鞋。这是说正确的建议被采纳，不当的意见被抛弃后，就如同丢掉了破草鞋而获得了珠玉一样。

古代草鞋为平民所穿。由于需求量大，所以自古就有以织草鞋为业者。《庄子·列御寇》说庄子"处穷闾厄（隘）巷，困窘织屦"。《孟子·滕文公上》也说许行之徒数十人，"皆衣褐，捆屦织席以为食"。草鞋的制作，先是用数根绳子作为经线，并将其固定在一个耙子上，然后用草在上面进行编织，做成鞋底，有的还要在鞋底上再织出鞋帮，这就是所谓的"织"。而织的过程中，为使其质地紧密，还要不断用一种钩子将织草勒紧，即"捆"。捆后鞋底不够平滑，再用木棍在杖板上将其砸实，便是所谓的"打"。故"织屦"在后世亦被称为打草鞋。草鞋可以拿到市场上卖，所以贩卖草鞋又成为一种行业。如刘备年轻时即曾"与母贩履织席以为业"（《三国志·蜀志·先主传》）。

除草屦外，古代亦有丝屦，即以丝线编织而成。《礼记·少仪》虽规定"君子不履丝屦"，但孔子弟子有若就穿过（见《礼记·檀弓上》）。战国时期，春申君门下的上等客皆"蹑珠履"，即在丝屦上缀以珠玉。贾谊《治安策》也说，"今民卖僮者，为之绣衣丝履"。不过汉以后着丝履者多为女子，如《孔雀东南飞》中的刘兰芝便是"足下蹑丝履，头上玳瑁光"。

"屦"后世多写为"履"。"履"本是动词，义为"践"，如"履蹻""履霜"。战国以后渐用为名词，如《荀子》："粗布之衣，粗纠之履，而可以养体。"《史记·留侯世家》记黄石公让张良为其捡鞋子时也说："孺子，下取履。"正如清人朱骏声《说文通训定声》所说："古曰屦，汉以后曰履，今日鞵（鞋）。"

古代还有一种复底之屦，即舄。所谓复底，即在鞋子下面再加一层木底。崔豹《古今注》："舄，以木置履下，干腊不畏泥湿也。"可见这种鞋不怕湿，可以走到泥地里去。舄常为贵族所服，如《诗经·小雅·车攻》："赤芾金舄，会同有绎。""赤芾"即红色蔽膝，"金舄"即黄红色的复底鞋。这是古代诸侯朝会天子时的服饰。

与舄稍有不同的是屐。屐，又称木屐，鞋底全用木头做成，而且前后有齿，仅用丝线作为鞋绊。东汉时，人们已经开始着木屐了。《后汉书·五行志》："延熹中，京都长者皆着木屐。妇女始嫁，至作漆画、五采为系（鞋绊）。"颜师古《急就篇注》："屐者，以木为之，而施两齿，可以践泥。"六朝时之士大夫犹喜着木屐。《南史·谢灵运传》讲到谢灵运登山时说："登蹑常着木屐，上山则去其前齿，下山则去其后齿。"后人因称这种木屐为"谢公屐"。李白《梦游天姥吟留别》："脚着谢公屐，身登青云梯。"其所谓"谢公屐"，便是这种可以去其前后齿的木屐。

东晋的谢安与许多士大夫一样，也是喜欢着木屐的。据《晋书·谢安传》说，一天，谢安足着木屐正与客下棋，突然收到了侄儿谢玄从前线发来的驿书，告以淝水之战大获全胜的消息。谢安为表现其"雅量"，看罢驿书仍与客围棋如故。直到客问时，才说："小儿辈遂已破敌。"但内心的喜悦还是掩饰不住的，"过户限，心喜甚，不觉屐齿之折"，即在过门槛时，因太高兴，竟将木屐的齿折掉了。而有人误将"折齿"理解为牙齿掉了，这才闹出了本文开头所说的笑话。

古代皮鞋叫"鞮"。《说文》："鞮，革履也。胡人履连胫谓之络鞮。""络鞮"为革鞮的一种，即靴，最早是从胡地传入的。胡人多兽皮，故可取以制靴，为能方便骑射。靴，古代写作"鞾"。到了唐代，有些文人也开始着靴。《新唐书·李白传》："（李白）常侍帝醉，使高力士脱靴，力士耻之。"（又见李肇《唐国史补》）这就是"力士脱靴"典故的由来。此外，古书中还提到"皮屦""革舄""革履""韦履"等，也都是指皮做的鞋子。如《仪礼·士冠礼》："冬，皮屦可也。"因为冬季天冷，可以穿皮屦。又，《汉书·郑崇传》记汉哀帝每见郑崇"曳革履"，辄笑曰："我识郑尚书履声。"颜师古注曰："孰（熟）曰韦，生曰革。"这是说郑崇所着之"革履"乃是生皮制成，走路动静较大，所以汉哀帝能分辨出来。陆游《访昭觉老》诗亦云："久矣耆年罢送迎，喜闻革履下堂声。"今人尚称皮鞋为革履，只不过古今革履的形制已有所不同了。

今天的"鞋"字，古代写作"鞵"。《说文解字》："鞵，生革鞮也。"可见，鞋最初只是"鞮"（皮鞋）的一种，后来才成为鞋类的总称。

古人的佩饰

古人不但讲究服装，也很注重佩饰。佩饰多具象征意义和美观效果，有些也有实用价值。

玉是古人最重要的佩饰。《礼记·玉藻》说"古之君子必佩玉""君子无故，玉不去身。君子于玉比德焉"。佩玉既表示君子的身份，又象征所具有的某种品德。《礼记·玉藻》还说，君子"行则鸣佩玉"。这是说人一走路就会发出玉鸣的声音，可见身上的玉不止一块。而多种玉合佩，就是所谓的"杂佩"。《诗经·郑风·女曰鸡鸣》："知子之来之，杂佩以赠之。"这是新婚的丈夫为感谢妻子的体贴，而以杂佩相赠。什么是杂佩呢？《毛诗诂训传》解释说："杂佩者，珩、璜、琚、瑀、冲牙之类。"就是将各种玉用珩（横玉）组合起来，系在腰间，从而在行进中让玉互相触碰而发出和谐悦耳的声音。这是为了规范君子的行为，令其"居处有礼，进退有度"（《礼记·经解》），以使"非辟之心无自入也"（《礼记·玉藻》）。

中国人佩玉的历史已经很久了。孔子对玉格外推崇，并认为玉有仁、知（智）、义、礼、乐、忠、信等七种德行（《礼记·聘义》），想来老夫子应是"玉不去身"的。古人还用"温其如玉"来赞美君子的人品（《诗经·秦风·小戎》）。据《史记·孔子世家》记，春秋时卫灵公的夫人南子也是"环佩玉声璆然"。由于玉鸣的声音为人们所喜爱，所以后世常以玉鸣之声来形容美好的声音。如杜甫的"自是秦楼压郑谷，时闻杂佩声珊珊"（《郑驸马宅宴洞中》），柳宗元的"闻水声，如鸣佩环"（《小石潭记》）皆是。

除杂佩外，还有一些单独的玉件也为古人所佩服和应用，并各有其蕴义。《荀子·大略》云："聘人以珪，问士以璧，召人以瑗，绝人以玦，反绝以环。"意思是说，派人出使他国用珪，拜访国士用璧，诸侯召臣用瑗，与人决绝用玦，让决绝者回返用环。其中的"环"与"玦"尤为古人所常佩。《尔雅·释器》："肉倍好谓之璧，好倍肉谓之瑗。肉、好若一谓之环。""肉"指玉之边，"好"指玉之孔。孔小边大谓之"璧"，孔大边小谓之"瑗"，而孔、边距离相等谓之"环"。古代女性常佩环，以表示其品德完美无缺。而"玦"则是环上有一缺口，以寓决断之义。班固《白虎通》："君子能决断则佩玦。"如鸿门宴上，"范增数目项王，举所佩玉玦以示之者三"，就是要让项羽下决心杀掉刘邦。三国时的蜀将孟达在送给诸葛亮的礼物中，除纶帽外，尚有玉玦，其用意也是要提醒诸葛亮办事应有决断（见《太平御览》卷六百九十二）。

古代女子还常佩巾。佩巾又称"帨"。《诗经·召南·野有死麕》："舒而脱脱兮，无感（撼）我帨兮。""帨"即女子身上所佩之巾。诗写青年男女相会时，女子恳请男子不要碰她的佩巾。古代女子未婚时多佩"綦巾"，即绿色的佩巾。《郑风·出其东门》："缟衣綦巾，聊乐我员。"诗人说女孩子虽多，但他所爱的还是那位身着白衣并系着绿色佩巾的女子。佩巾又称"缡",为出嫁后的女子所佩。古代女子出嫁之际,母亲一边嘱咐女儿到婆家后的注意事项,一边为之系结佩巾,即所谓"结缡"。《诗经·东山》"亲结其缡,九十其仪",所写的就是这一细节。而后世以"结缡"指女子出嫁,亦源于此。又据《礼记·内则》称,女子为人之妇后,其所佩之帨又可备公婆使令之需,或拭手或拭器,皆能随手取用。

佩芳也是古代的一种习俗。所谓"佩芳",就是在身上佩带各种香花、香草或香袋。古代青年男女常佩芳,并以之赠人。如《诗经·郑风·溱洧》:"士与女,方秉蕳兮""维士与女,伊其相谑,赠之以芍药"。诗写在春水涣涣的溱河和洧河岸边,青年男女郊游时互赠鲜花、香草的场面。士女所秉之"蕳",即兰,不过不是今天的兰花,而是茎高二三尺,通体紫红,并有着复伞房花序的佩兰。《本草经》列兰为上品,今医家尚以兰为醒脾、化湿与清暑、辟浊之良药(抗"非典"药方中多用之)。而楚骚之多咏兰,实际也是楚人医药文化及健康意识的一种艺术反映。至于诗中所说的"芍药",据崔豹《古今注》(卷下)说"一名可离,故将别以赠之"。不过上古之所谓芍药包括草本与木本两种,唐以后始以木芍药称牡丹。

古人佩芳,有的是将香花直接系在身上,就像后世有人将玉兰花苞别在上衣上一样。也有的是将各种香花、香草做成"佩",戴在身上。《离骚》:"扈江离与辟芷兮,纫秋兰以为佩""佩缤纷其繁饰兮,芳菲菲其弥章"。屈原所说的"佩",就是以香花、芳草缀集而成的。这种"佩"实即花环。过去曾有人说花环是舶来品,其实中国古代就已经有了。还有一种佩法是将香花和香料做成香囊以佩于身。香囊古代又称"容臭",《礼记·内则》就说"男女未冠者……皆佩容臭"。如《晋书·谢幼度传》记:"(幼度)少好佩紫罗香囊。"有些成年人也喜佩之。如《孔雀东南飞》:"红罗复斗帐,四角垂香囊。"《晋书·刘寔传》还记石崇家厕所里有"两婢持香囊"以待客人。香囊后世演变为香荷包，现在端午节时儿童所佩的香荷包，即古人佩芳之遗意。又据《初学记》引汉应劭《汉官仪》（上）说，汉代的尚书口含鸡舌香奏事，即所谓"怀香握兰，趋走丹墀"。鸡舌香是产于东南亚地区的一种香料，其花蕾经干制后具有一种宜人的香气。此香东汉时传入中国。当年曹操送给诸葛亮的五斤（汉一斤约250克）鸡舌香，就是这种香料（见中华书局《诸葛亮集》附录卷一）。

此外，古人还会根据各自不同的性情选择一些佩物。如"西门豹之性急，常佩韦（熟牛皮）以自缓；董安于之心缓，常佩弦（弓弦）以自急"（《韩非子·观行》），皆能起到座右铭的作用。还有人佩戴一种骨角制的锥形物，即"觿"，既可用于解结，又象征佩戴者具有排难解纷的能力。又据《礼记·内则》说，男子侍奉父母，除佩觿外，还要左佩刀、砺、金燧（取火用）等物，右佩玦、管（笔套之类）、木燧（钻火用）等物。这与今天的年轻人在钥匙链上缀许多佩件颇有些相似。

戌篇　儒学

儒家的经书与经学（上）

儒学是中国国学的核心，而儒家思想就体现在以"十三经"为代表的儒家典籍之中。因此，要深入理解中国传统文化，就离不开对儒家经书与经学的认识。

儒家的典籍为何被称为"经"呢？"经"之本义为"织之纵丝"，由于纺织必先有经而后有纬，故"经"遂被喻为事物最基本的方面。在中国古代，人们认为儒家典籍所言皆是永恒不变的道理，即"常道"，所以就称儒家的典籍为"经"了。正如清代著名学者皮锡瑞在《经学历史》中所说："或当删定六经之时，以其道可常行，正名为经。"当然，墨、道、佛诸家，也有称其典籍为"经"者，但他们都不能同儒家相比。故中国古代所谓"经书"，一般是指儒家的典籍；所谓"经学"，也是指儒家的学说。

儒家的经书在历史上也有过一个逐渐增益的过程。先秦时期，只有"六经"，也叫"六艺"（见贾谊《新书》），即孔子所说的《诗》《书》《礼》《乐》《易》《春秋》。《乐经》在战国后期即亡佚，故后来便只有"五经"。至汉武帝于建元五年（公元前136年）所立经学博士，即在太学中开设经学课程并配备专门的教师时，其科目也就只有这五经。到东汉时，经书又增加了《论语》和《孝经》（见《后汉书·赵典传》），遂称"七经"。唐代在《仪礼》之外又加入了《周礼》与《礼记》，并分《春秋》为《春秋左氏传》《春秋公羊传》《春秋穀梁传》，再合《易》《书》《诗》，便为"九经"。显然，"九经"中已把古代阐释经义的一些"传""记"也包含进去了。至于《论语》和《孝经》，是读书人都要读的，故称之为"兼经"。唐人科举，即以此"九经"取士。至唐文宗太和年间，又将"九经"加上《论语》《孝经》《尔雅》成十二经，并刻石立于太学，称"开成石经"（见宋晁公武《郡斋读书志》）。宋代，理学家将《孟子》的地位提高，朱熹取《礼记》中的《大学》《中庸》两篇与《论语》《孟子》相配，称为"四书"，并为之作《四书章句集注》，于是《孟子》也进入了"经"的行列。唐代的"十二经"加上《孟子》便成了"十三经"。此后直至清末，经书再没有增益。

以下便分别对十三部经书加以简要介绍：

《周易》

"十三经"中的《易》即《周易》，是占筮之书，即以蓍草来进行占卜的书。《周易》由八卦推演而来。八卦由阳爻"—"和阴爻"--"两个基本符号组成，而由这两个符号连叠三层，便组成八卦，即☰（乾）、☷（坤）、☳（震）、☴（巽）、☵（坎）、☲（离）、☶（艮）、☱（兑）。古人以八卦代表自然界和人世间的各种事物，如乾为天、为君、为父、为首、为健，坤为地、为母、为腹、为顺，震为雷、为长男、为足、为动等。八卦又称"经卦"，经卦相互重叠便组成六十四卦，即"别卦"。别卦由六爻组成，如泰卦䷊（上坤下乾）、大有䷍（上离下乾）等。《周易》共六十四卦、三百八十六爻（含《乾·用九》及《坤·用六》）。卦和爻各释以文辞，便成为《周易》的"经"部卦、爻辞，这是《周易》的正文部分。此外，尚有解释经文的"传"，共十篇，被称作"十翼"，即《彖传》上下、《象传》上下、《文言》、《系辞》上下、《说卦》《序卦》《杂卦》。《周易》即是由"经"和"传"两部分组成的。旧谓伏羲制卦，周文王作卦辞，周公作爻辞，孔子作"十翼"。近人经研究认为，八卦符号的形成虽然可以追溯到原始社会，但卦、爻辞的著作年代约在西周，而《易传》则为战国至秦汉之际儒家的作品。

《周易》虽是占卜之书，但在讲到阴阳变化发展时也体现出某些朴素辩证法的观点。《周易》中还有不少历史、民俗资料，其卦、爻辞中也有许多饶有韵味的歌谣。至于《周易》在演进过程中所使用的二进位制，也有人说是为现代计算机原理奠定了基础。

《尚书》

《尚书》即上古之书。先秦称《书》，汉代列为"经"，称《书经》。《尚书》之名也是汉代才有的。

《尚书》基本上是一部历史文献和档案资料的汇编。古者，"君举必书，……左史记言，右史记事。事为《春秋》，言为《尚书》"（《汉书·艺文志》）。《尚书》就是以记言为主的古代史书。其记述的时间上起唐、虞，下迄春秋前期，前后约一千三百年。

先秦时期，《尚书》的内容很多，有一百余篇。但经秦火之后，到汉初由济南伏生传授下来的便只有二十八篇了。这二十八篇用汉代通行的隶书抄写出来，被称作"今文《尚书》"。汉武帝以后，又陆续在孔壁及民间发现了一些用战国时的古文字写成的《尚书》，比今文《尚书》多出十六篇，人们称其为"古文《尚

传为王维所作《伏生授经图》

书》"。汉武帝立太学，只有今文二十八篇置博士，而古文《尚书》则在民间流传。西晋"永嘉之乱"以后，古文《尚书》散佚。到东晋时，豫章内史梅赜向朝廷献了一部五十八篇的书，声称古文《尚书》失而复得，同时献出一部汉代孔安国的《尚书传》。然经后代学者考证，梅赜所献的古文《尚书》及《孔传》均是伪造。故《尚书》中可靠的只有今文二十八篇。

《尚书》二十八篇，具体包括《虞书》两篇、《夏书》两篇、《商书》五篇、《周书》十九篇。其中的《虞书》与《夏书》，虽为后世的追记，但其中所保存的若干古代传说，都是非常珍贵的史料。至于《周书》中所宣传的"敬天保民"及"明德慎罚"思想，更是后世民本思想的滥觞。

《诗经》

《诗》即《诗经》，是我国最早的一部诗歌总集，共收入西周初年至春秋中叶约五百年间的诗歌三百零五篇。《诗经》分风、雅、颂三部分。其中"风"是土风歌谣，共十五国风，有诗一百六十篇；"雅"是朝廷乐歌，分为大雅和小雅，有诗一百零五篇；"颂"是宗庙祭祀的乐歌，有周颂、鲁颂和商颂，存诗四十篇。这些诗歌产生的地域，涉及今天的陕西、山西、河南、河北、山东、安徽、湖北等地。它们从各个方面反映了当时的社会生活，是研究古代社会及古代文化的重要史料。其中也有不少篇章描写生动，形象鲜明，语言优美，富有强烈的艺术感染力，成为我国现实主义文学的源头。

《诗经》虽遭秦火焚毁，但由于学者的讽诵，至汉复得流传。汉初传授《诗经》的有齐、鲁、韩、毛四家，其中前三家为今文，武帝时已立于学官；《毛诗》晚出，为古文，未得立，只在民间流传。东汉末年，郑玄为《毛诗》作《笺》，此后习《毛诗》者渐多，而三家诗则相继亡佚。今所传《诗经》即为《毛诗》。

《仪礼》《礼记》《周礼》

《仪礼》与《礼记》《周礼》合称"三礼"。西汉时只有《仪礼》取得"经"的地位，《礼记》仅是有关"礼"的一些参考资料，附于《仪礼》之后，至汉末才独立成书。《周礼》原名《周官》，至王莽时始立于学官，刘歆又改名《周礼》。东汉末，儒学大师郑玄为《周礼》《仪礼》《礼记》一同作注，"三礼"遂广为流传，"三礼"之名也自此始。

《仪礼》原称《礼》，汉朝人称为《士礼》，对《礼记》言又称《礼经》，到了晋代才称"仪礼"。该书是先秦时期有关礼仪的一些具体规定，但只记各种礼仪的细节，而不讲礼的意义。全书共十七篇，可以分为"八纲"，即冠、昏、丧、祭、乡、射、朝、聘。其中既涉及了人生的冠礼、婚礼及丧、祭之礼，也记载了周代有关宴饮、敬老、觐见、交际等方面的礼仪，是研究中国古代社会状况及文化史的重要资料。前人谓此书作者是周公，不足信。但儒家很早即开始传习其中的一些礼仪，孔子也对这些古礼进行过收集和整理。这些礼仪经长期流传，最后成书的时间当在东周。

《礼记》作为学习礼的一些辅助资料，汉初有一百三十余篇，多为七十子后学之所记。到了东汉中期，形成了两种相对固定的本子，即八十五篇的《大戴礼记》和四十九篇的《小戴礼记》，一般认为它们分别是戴德、戴圣叔侄所编定。东汉末郑玄为《小戴礼记》作注，从而使其摆脱了从属《仪礼》的地位而独立成书，并成为此后"十三经"中的《礼记》。《礼记》相当透彻地阐扬了儒家的"礼治"思想，如《礼运》篇讲儒家"天下为公"的理想，《学记》讲儒家的教育理论，《乐记》讲乐理，《大学》讲"修、齐、治、平"，《中庸》讲"中庸之道"，《王制》讲社会制度，《曲礼》《内则》讲家庭及乡曲之礼等，都是古代学术史及文化史的重要资料。在儒家著作中，其重要性仅次于《论语》，而比肩于《孟子》。

《周礼》主要讲官制，全书由《天官冢宰》《地官司徒》《春官宗伯》《夏官司马》《秋官司寇》《冬官司空》六大部分组成，而每一部分下面又分若干职官，全书共记三百多种传为周朝的职官。其中《冬官司空》早已亡佚，西汉时以先秦古籍《考工记》补入。此书对后世的政治影响很大。西汉末王莽的改制，南北朝时宇文泰的改革官制以及宋代王安石的变法，都是规摹《周礼》的。至其作者，或谓出于周公，或谓刘歆伪造，皆不可信。当是周室东迁以后的某氏根据西周的档案并加入自己的理想，经排比增减而成。

《春秋》及其"三传"

现存《春秋》是孔子在鲁国史书的基础上整理、修订而成。它记述了鲁隐公元年（公元前722年）至鲁哀公十四年（公元前481年），前后共242年间的鲁国历史及许多国家发生的重大事件，是我国第一部编年史。全书共16572字。由于记述简略，且又有"微言大义"存乎其中，故吸引了一些人为它作"传"，计有《春秋左氏传》《春秋公羊传》《春秋穀梁传》三部，合称"春秋三传"。

《春秋左氏传》又称《左氏春秋》，简称《左传》。旧传其作者为春秋时的左丘明，近人一般认为是战国初期一位充分掌握春秋各国史料并有相当文学修养的人所作。《左传》记事止于鲁哀公二十七年（公元前468年），比《春秋》多出13年。该书以《春秋》作为大纲，充分利用作者所获得的大量文献资料，加以编排和整理，详载历史事件的本末及有关的逸闻琐事，内容比《春秋》丰富得多。加之它叙事有条不紊，生动流畅，遂成为中国古代的史学和文学名著。《左传》是用战国古文字写成的，在汉代属古文经，未能立于学官，只在民间流传。

《春秋公羊传》又称《公羊春秋》或《公羊传》，《春秋穀梁传》也称《穀梁春秋》或《穀梁传》。旧谓《公羊传》的作者是战国时人公羊高，《穀梁传》的作者是战国时人穀梁赤，但根据不足。实际上，两书皆先是口授相传，至汉景帝时才用隶书写成定本，故被称为"今文"。两书的内容也都意在阐发《春秋》的"微言大义"，而很少补充史实。故《公》《穀》不是史书，而是经书。其所讲的"微言大义"，也大半各逞胸臆，未必符合《春秋》原旨。不过后世的今文学家们倒常常以此二书来作为议论时事的理论根据，并借以达到某种政治目的。

《论语》《孟子》

《论语》是记载孔子及其弟子言行的一部书。"论"是论纂，"语"是言语。所谓"论语"，即将"接闻于夫子"之语论纂起来的意思。其编辑成书的时间是在战国初期，最后的编定者当是孔子的再传弟子。《论语》传到汉代，有三种本子，即今文本的《鲁论》《齐论》及古文的《古论》。后两种本子皆已亡佚。今所传《论语》是以《鲁论》为依据，并参以《齐论》《古论》，先后经汉代的张禹和郑玄整理而成的。《论语》是研究孔子思想及早期儒家学说最主要的文献，也是研究中国古代思想史、教育史、文化史的重要资料。

《孟子》是记述孟轲言行以及孟轲与时人及门弟子互相问答的书。近人或谓是孟轲门人万章、公孙丑所记，并经孟子亲自润色而成书的。孟轲受业于孔子之孙孔伋（子思）的门人，是战国时期儒家的主要代表人物，也是孔子之后儒家学派最有权威的大师。他将孔子的"仁"发展为"仁义"，并提出了"仁政"的主张。他还将儒家的"民本"思想推到了一个新的高峰，明确提出"民为贵，社稷次之，君

为轻"的口号，对后世有极大的影响。汉代，《孟子》同《论语》一样，也被当作
"传""记"一类的著作。唐代韩愈开始"孔孟"并称，并自认为是遥接孟轲的道
统。

《孝经》《尔雅》

《孝经》专讲孝道。全书共1799字，分为十八章，分言天子、诸侯、卿
大夫、士、庶人之孝，并论述了孝的本义及其重要性，对于中国伦理观念中
"忠""孝"传统的形成具有重要影响。至其作者，众说纷纭。近人多认为是孔门
后学所作，约成书于战国末期。今"十三经"中的《孝经》是唐玄宗作注，宋邢昺
作疏的本子。

《尔雅》是一部古代训诂的汇编，也是我国最早的以释为主的辞典。由于古代
经学家常用它来解说经义，所以它又处于"五经"附庸的地位，并于唐文宗时被列
入"十二经"。全书共十九篇。除前三篇解释一般的词语外，其余均按名物的类
别，分篇进行释读。阅读《尔雅》，不但可以帮助人们了解古代的词义，也能获得
一些古时自然和社会方面的知识。该书非一人一时之作，而是杂采数代多家的训诂
材料汇编而成。其初具规模是在战国时期，而后又经汉初学者们的增补润色，才成
了今天的样子。

儒家的经书与经学（下）

儒家的经学是阐释、研究儒家经典的一门学问，包括经学的起源、流传、派别、内容、演变及影响等方面。

一般认为，在孔子之前，"六经"就已经存在了，它们经孔子整理后传授给自己的学生。此后，"六经"便系统化也规范化了，并形成了一种专门的学术传统。孔子死后，儒分为八（见《韩非子·显学》），而其中尤以孟学与荀学的影响为最大。孟子受业于子思的门人，故后世遂称其学为"思孟学派"。这一派的学说主要出自《诗》《书》，倡"性善""法先王"，讲仁义，其后学与阴阳、五行合流。这一派在汉代发展成为"今文经学"，并被封建统治者尊崇为儒学的正统。荀学的观点主要

《杏坛礼乐图》，见曲阜孔庙藏明代石刻《孔子圣迹图》

出自《礼》，并由礼而进一步发展到刑，"法后王"，称霸力，其后学与名、法合流。著名法家李斯和韩非都是荀况的学生。入汉以后，由于荀派专讲刑名，不讲阴阳五行，不讲谶纬灾异，遂不受统治阶级欢迎，很快就失势了。

自汉代开始，儒家经学的演变又大致经历了这样几个阶段：

晋代顾恺之所绘的孔子像

一、汉代的今文经学与古文经学

经学由战国而流传到汉代，尤其是武帝"罢黜百家，独尊儒术"以后，其演变的主要特征便是分为"今文经学"和"古文经学"两派。所谓今文与古文，最初不过是经书抄写文字的不同。今文经是在口授流传的基础上，于汉初用当时流行的隶书写定；而古文经则是来自孔壁和民间征集，经书用战国时的古文字写成。但后来却形成了两个壁垒分明的学术派别，各立门户，各有师法，甚至对一些学术问题的理解及研究学术的方法也各不相同。简单地说，便是围绕着孔子与"六经"的关系问题产生了不同的见解。今文派认为"六经"皆孔子手定，经学起源于孔子，经书寄托了孔子"托古改制"的主张，孔子是政治家，所以其研究重在发掘经书中的"微言大义"。古文派则认为"六经"产生于孔子之前，孔子只是进行过一番整理而已，他们以孔子为史学家和教育家，以"六经"为孔子整理古代史料之书，故其研究重在"名物训诂"。汉代的经学史，即是这两派间互相斗争的历史。

西汉盛行的是今文经学，当时立于学官的都是今文经。而今文经中，最重要的经书是《公羊传》，其代表人物为董仲舒。《公羊传》讲"大一统"，讲君臣大义，所以特别受汉武帝的重视。董仲舒著《春秋繁露》，将儒家的思孟学派与阴阳五行思想融合在一起，大讲"天人合一""君权神授""天人感应"以及灾异符瑞等，使儒家的经书蒙上了一层阴阳五行的色彩。东汉建立后，光武帝除提倡今文经学外，又讲谶纬。"谶"是诡为隐语、预决吉凶的宗教性预言，因其有图，又称"图谶"。"纬"则是以荒诞怪异之说来解经。其时，经学已笼罩在谶纬之下，虽有一些进步思想家如桓谭、王充、张衡等提出批评，也未能扭转局面。

但从东汉中叶以后，由于今文经学本身存在的一些缺点越加暴露，如注释的烦琐以及专以迷信附会经义等，而古文经学的势力又乘机得以发展，并逐渐压倒了今文经学。当时的一些著名学者如卫宏、贾逵、马融、许慎等，都是公认的古文派大师。迨至汉末，著名经学大师郑玄又以古文学为宗，兼采今文之说，杂糅古今，择善而从，形成郑学。郑注《毛诗》《三礼》尤为读书人所称道。于是天下皆尊郑学，今文经学遂被推倒，而汉代长期存在的今古文之争即告平息。

二、魏晋的郑（玄）、王（肃）之学与南北朝的南学和北学

魏晋时期，除了以杂糅老庄与儒学为特征的玄学盛行以外，儒家的经学主要是郑学与王学之争。郑即郑玄，王即王肃。

魏文帝以后，选官用"九品中正制"，重门第而不重经术，这样儒家经学的用途便缩小了，儒学也随之衰落。但这一时期的士族都非常讲究礼，所以上层社会对郑注《三礼》还是相当重视的，因此，魏初的经学仍由郑学居于主导地位。当时起来与郑学相对抗的是王肃。王肃是晋武帝司马炎的外祖父，自称伏生的十七传弟子，并跟马融学习过古文经，兼通今古文。但他反对郑学，并不是今古文之争。他抓住郑学杂糅今古的特点，凡郑学主古文者，即以今文说攻之；凡郑学采今文者，则以古文说驳之。这样一来，此期间的经学便纯粹成为郑学与王学之争了。西晋建立后，王肃之学借助其政治势力，曾一度占了上风。但到了东晋，郑学又压倒王学，东晋元帝时所立于学官者又主要是郑注之经了。

就在郑学与王学相争的间隙，魏晋时期也出现了一些新的学派。他们另辟蹊径为经书作注，并取得了显著的成绩。如王弼的《周易注》、杜预的《春秋左传集解》、范宁的《穀梁传注》、何晏的《论语集解》、郭璞的《尔雅注》等，其学术价值都超出了前人的有关著作。

到了南北朝时期，经学又有了北学与南学之分。北朝较多保留东汉的学风，崇儒道，重学术，尚质朴，所习经书几乎都是古文。南朝则更多继承魏晋玄学的风气，重文辞，好虚浮，所习经书杂用各种注本。而南朝梁代皇侃所著的《论语义疏》等书，又实开唐代义疏之学的先河。

三、唐代的义疏之学

唐代以科举取士，而科举考试要考经义，这就需要有一套统一的经书课本。于是唐太宗诏令国子祭酒孔颖达等人对各种经说进行整理、划一，最后撰写出了一套统一的《五经正义》，并于高宗永徽四年（公元653年）颁行全国。其具体采用的传、注是：

《毛诗正义》：毛亨传，郑玄笺，孔颖达等疏；

《尚书正义》：孔安国传，孔颖达等疏；

《周易正义》：王弼、韩康伯注，孔颖达等疏；

《礼记正义》：郑玄注，孔颖达等疏；

《春秋左传正义》：杜预集解，孔颖达等疏。

可以看出，《五经正义》既调和了前代的南学与北学，也兼采了各家之说，并将撰写者本人的意见融入其中。而对经书旧注所进行的这种"正义"和"疏"的工作，遂被后人称作"义疏之学"。

此后，《五经正义》又合贾公彦的《周礼疏》《仪礼疏》以及杨士勋的《穀梁疏》、徐彦的《公羊疏》，成为唐朝的《九经正义》。而唐代的科举考试，其经义解释便是依据这一套《九经正义》。

唐代是经学统一的时代，同时又是经学史上经学止步不前的时期。当然也有例外，如韩愈的《论语笔解》便偶有新意，并开宋人疑经之风。韩愈、李翱推崇《大学》《中庸》，虽意在反佛，客观上也成了宋代理学的先声。

四、宋明的理学

唐代的义疏实际是东汉古文经学的支流。到了宋代，经学家们对汉唐的训诂义疏已不感兴趣，他们要另辟蹊径，另立新说，于是抛开传注，直接从经文中寻求义理。他们首先从继承和发挥思孟学派的"性命义理"之学入手，然后吸收汉代的公羊学以及魏晋南北朝的玄学和佛学，从而形成了儒学的一种新派别，即"理学"。又因为理学家们自认为是继承了从孔子到子思再到孟子的孔孟之道的道统，所以又称之为"道学"。

宋明理学大致可以分为两派。一是由北宋的周敦颐、程颐等人发端，至南宋的朱熹集大成的所谓"程朱理学"。这一派被后世的封建统治者提到了儒学正宗的地位。另一派是始于北宋的邵雍、程颢，到南宋的陆九渊（象山），再到明代的王守仁（阳明）而形成的所谓"陆王心学"。两派对理学的核心即"三纲""五常"的重视是一致的，也都以理欲心性为研究的对象，只是在认识的方法上存在分歧。

以朱熹为代表的"程朱理学"是一种客观唯心主义的理学体系，认为"三纲""五常"是先天存在的，正如朱熹所说，"未有这事，先有这理"（《朱子语类》），所以又称"天理"。而人之所以有"不善"的表现，是因为被欲望所蒙蔽的缘故，所以他们又提出了"存天理，去人欲"的说教。"陆王心学"在哲学上被称作主观唯心主义。陆九渊把思孟学派的主观唯心主义同佛教的禅宗思想结合起来，提出了"心即理"之说。他不同意朱熹所说的"理是客观存在"的观点，认为天理只在人的心中，"宇宙便是吾心，吾心便是宇宙"（《象山先生全集·杂说》）。而要认识客观事物，也只需"发明本心"便可以了。

陆九渊的"心学"到了明代，又被王阳明加以发展。王阳明不但认为客观事物的存在乃主观知觉的结果，世间一切都是从"心"派生出来的，"心外无理"，还提出了"致良知"的口号。其所谓"良知"，即"三纲""五常"的伦理道德规范。而"致良知"，即是恢复人们心中的纲常观念。而如何才能"致良知"呢？王阳明又提出了"知行合一"的观点。不过他所说的"行"，并非客观实践，而是指主观修炼的功夫，也就是"求理于吾心"。做到了这一点，便是"知行合一"了（引文均见王阳明《传习录》）。

五、清代古文经学的复兴与今文经学的再起

明末清初，一批有识之士有感于宋学的空疏和八股文的危害，又起而倡导古文经学，并提出"舍经学无理学"（顾炎武语）的口号。加以雍正、乾隆时期的大兴文字狱，更使得一些文人学者不敢再谈政治，而把毕生精力用于对古书的辑录、整理和考证。这在客观上促成了古文经学尤其是考据学的繁荣。

清初是中国文化学术十分繁荣的一个时期，也是名家辈出的时代。以顾炎武为代表的朴学（即经学），以黄宗羲为代表的史学，以王夫之、孙奇逢为代表的哲学，以颜元为代表的教育学，以桐城派之宗方苞为代表的文学，以及以梅文鼎为代表的天文历算之学，都取得了显著的成绩。尤其是由顾炎武所开创的朴学系统和由黄宗羲所开创的史学系统，更对清代的学术产生了深远的影响。继顾、黄而起的还有阎若璩。阎氏的《尚书古文疏证》一书，用一百二十八条材料彻底戳穿了梅赜的

作伪之迹，还了伪《古文尚书》的本来面目。这在中国经学史上也是一大贡献。

清代乾、嘉之际，考据学大兴，而且学术成就突出，世称"乾嘉学派"。乾嘉学派又可分为两派，即以惠栋（定宇）为首的吴派和以戴震（东原）为首的皖派。吴派以信古为标志，博而尊闻，述而不作。皖派则继承了顾炎武的学风，致实用，尚严谨，以求是为宗旨。两派在整理古籍及语言文字学等方面都取得了丰硕的成果。

清代自道光以后，古文经学开始衰落，今文经学继起。这一方面是考据学到了后期已流于烦琐的考证，根本谈不上什么经世致用。同时，由于清后期文字狱的松弛，使人们久受禁锢的思想活跃起来，并针对当时政治的腐败，开始从经学中寻找救国救民道理的依据。

清代今文经学由庄存与的"常州学派"发端，至康有为而集其大成。康有为继承了龚自珍、魏源以《公羊传》评议社会政治的传统，并吸收了廖平的某些观点，写成《新学伪经考》与《孔子改制考》等著作，以为其变法维新制造舆论。他斥东汉以来今、古两派所尊奉的儒家经典是汉代刘歆所伪造，其书是"伪书"，其学是"伪学"，认为六经皆孔子所作，是托古改制，是孔子假托古代事迹来表达自己的政治理想。而他所阐述的孔子政治思想，实带有很浓重的个人思想色彩。显然，他是在借助孔子的权威以宣扬其资产阶级改良思想。但随着"戊戌变法"的失败，清末的今文经学也便没落。

清代最后一位今文经学大师是康有为，最后一位古文经学大师是章太炎。他们两人死后，中国古代经学斗争的历史也便结束了。

孝悌——中华传统美德的精髓

以孔子为代表的儒家思想的核心是仁，而仁的根本则是孝悌。孔子弟子有若说："君子务本，本立而道生。孝弟也者，其为仁之本欤！"（《论语·学而》）孝是孝顺爹娘，弟同悌，即敬爱兄长。孝悌既是儒家思想的根本，也是中华传统美德的核心和精髓。

其实，孝作为一种道德观念，早在五帝时代就已经出现了。据《史记·五帝本纪》记载，五帝之一的舜，"年二十以孝闻"，他虽然处在父顽、母嚣、弟傲的家庭关系中，仍能很好地尽孝道，被称为"大孝"。连司马迁都赞叹道："天下明德，皆自虞帝始。"基于此，历代的统治者无不标榜以孝治天下。早在孔子在世的时候，就提出以"孝、悌、信、忠"为"四德"（见《大戴礼记·卫将军文子》）。汉代选官，也是从"察孝廉"做起的。西晋的开国皇帝司马炎统治严酷，他要征李密出来做官，李密写了一篇《陈情表》，用孝作为理由加以拒绝，司马炎便奈何他不得。直到1912年，民国政府所颁布的作为"立国之本"的"八德"，其首要二德仍然是"孝悌"。时至2017年1月25日，中共中央办公厅、国务院办公厅又印发了《关于实施中华优秀传统文化传承发展工程的意见》，明确提出要"传承中华优秀传统文化，就要大力弘扬中华传统美德"，而孝便是中华传统美德的根基和精髓。

《孝经》传曾图，见曲阜孔庙所藏的明代石刻《孔子圣迹图》

那么，何谓"孝"呢？孔子曰："夫孝，德之本也，教之所由生也。"（《孝经·开宗明义章第一》）又曰："夫孝，天之经也，地之义也，民之行也。"（《孝经·三才章第七》）具体说，有三种含义，或曰三个层次，即养、敬、继。

一曰孝养。《说文》："孝，善事父母者，从老省，从子，子承老也。"这是说，"孝"字的本义即儿子搀扶老人的意思。《孝经》又进一步解释道：

孝子之事亲也，居则致其敬，养则致其乐，病则致其忧，丧则致其哀，祭则致其严。（《孝经·纪孝行章第十》）

孝子侍奉自己的双亲，家居要表示尊敬，赡养要使其安乐，得了疾病要有忧心，去世要表示哀悼，祭祀要肃穆。这就叫"善事父母"。

二曰孝敬。《论语·为政》记孔子的话说：

今之孝者，是谓能养。至于犬马，皆能有养。不敬，何以别乎？

孔子把对父母的尊敬看得格外重要，认为这是人与犬马的区别。他还进一步指出，子女侍奉父母，最难的是经常保持愉悦的容色，即所谓"色难"。因为有深爱者才有婉容，而仅仅做到"有事弟子服其劳，有酒食先生馔"（《论语·为政》），是不能被称为孝的。今天要对父母尽孝，也不光是能赡养就行了，还要对父母表示足够的尊敬，要常回家看看，要多与父母说说话，在父母面前表现得和颜悦色，让父母感觉到你的孝敬之意。即使在外遇到不顺心的事，也不能把不高兴的情绪带到家里来。这也就是民间所说的孝顺。否则，即使让父母吃得再好，穿得再好，也不算完全尽孝。

三曰孝继。《中庸》曰：

> 夫孝者，善继人之志，善述人之事者也。……敬其所尊，爱其所亲；事死如事生，事亡如事存，孝之至也。

所谓继志，即继承父母的遗志；所谓述事，即完成父母的未竟事业。一个人，只有实现父母的遗愿，为父母和家族争光，才算是最高层次的孝。而古代逢年过节必迎亡灵回家，并以亡者之孙为"尸"的做法（见《礼记·曾子问》），既体现了"事死如事生，事亡如事存"的理念，也是意在提醒后人不忘"继志"与"述事"。

当然，孝悌也并非一味地服从，父亲、兄长错了，儿女、弟弟照样可以劝谏。《孝经》说："父有争子，则身不陷于不义。故当不义则子不可以不争于父。""从父之令，又焉得为孝乎？"（《孝经·谏诤章第十五》）这是说孝不但要"敬"，而且遇有不义，也还要"争"。争的目的是不让父亲"陷于不义"，这是对父亲最大的孝。倘遭父母责打怎么办呢？轻则受之，重则逃之。逃的目的乃是不陷父母于悔恨和不义，也体现了对父母的孝。当年孔子就是这样教导他的学生曾参的（见《孔子家语·六本》）。

那么，什么又是不孝呢？《孟子·离娄上》云："不孝有三，无后为大。"汉代的赵岐对此注释说：

于礼有不孝者三：谓阿意曲从，陷亲不义，一不孝也；家贫亲老，不为禄仕，二不孝也；不娶无子，绝先祖祀，三不孝也。

这是说不孝有三种表现，一是陷亲于不义，让父母的名声受损；二是家贫亲老不出去找工作，让父母的生活得不到保证；三是不娶无子，断了先人的香火。这最后一条，曾在20世纪70年代遭受过激烈的批判，但我们仔细想一下，孟子说的并不错。试想，假如人类都停止了自身的生产，那还靠什么去创造物质文明和精神文明呢？《孟子·万章上》云："男女居室，人之大伦也。"今人也把婚姻称作"大事"，不是没有道理的。

在《孟子·离娄下》中，孟子又举出了五种不孝的表现：

世俗所谓不孝者五：惰其四支，不顾父母之养，一不孝也；博弈好饮酒，不顾父母之养，二不孝也；好货财，私妻子，不顾父母之养，三不孝也；纵耳目之欲，不顾父母戮，四不孝也；好勇斗狠，以危父母，五不孝也。

第一种不孝是四肢懒惰，游手好闲，不管父母的生活；第二种不孝是好下棋喝酒，不管父母生活；第三种不孝是好钱财，偏爱妻子儿女，不管父母的生活；第四种不孝是放纵自己的欲望，使父母因此遭受耻辱；第五种表现是逞勇好斗，危及父母。五种当中，前三种是"不养"，后两种是让父母遭受精神上的耻辱或者生命的威胁，亦即"不敬"。这都是今人应引以为戒的。

与孝相联系的是悌。孝是对父母长辈而言，是纵向的；而悌是对兄长而言的，是横向的。这就好比函数上的纵横坐标，纵横把握好了，孝悌做到了，一个家庭便会和谐。而家庭是社会的细胞，家庭和谐了，整个社会就和谐了。所以孔子说："弟子入则孝，出则悌。"（《论语·学而》）《弟子规》据此进一步阐发道：

"兄道友，弟道恭。兄弟睦，孝在中。"对一个家庭来说，兄弟姐妹和睦相处，这是为人父母者最感欣慰的；反之，则会令父母伤心。故所谓悌，实际也是孝的一种表现。古人常将"孝悌"连称，其原因即在于此。

孝悌的本质是一种爱，是对父母和兄长的爱。如将这种爱推及社会，那便是仁，即孔子所说的仁者"爱人"（《论语·颜渊》）。一个人倘能在家中做到孝，则其居官也必定会爱民，会忠于职守；与兄弟姐妹相处和谐，到了社会上也必定能与同事关系和谐。正如孔子所说："君子之事亲孝，故忠可移于君；事兄悌，故顺可移于长；居家理，故治可移于官。"（《孝经·广扬名章第十四》）孝于亲者必定会忠于国，这也就是"自古清官多孝子"的原因。如包拯、苏轼、海瑞、于成龙等清官，都是有名的孝子。

孝是中国文化的源头，也是中华传统美德的根本。国之本在民，民之本在德，德之根本在孝。今天我们要弘扬中华传统美德，也应该从孝道做起。

亥篇　节日

辞旧与迎新

——春节的文化意蕴

今天我们所过的春节，实际是旧历年的除夕与元旦。

中国古代自汉武帝时期以来，所使用的历法主要是夏历，即以建寅之月为岁首的历法，也就是民间至今尚在通行的农历。辛亥革命以后，中华民国在官方采用公元纪年，以公历1月1日为元旦，而改称旧历的正月初一为春节。这与中国古代以立春为春节，其含义是有所不同的。中华人民共和国成立后，仍以公历纪年，并延续了以旧历正月初一为春节的称谓。故所谓"春节习俗"，实际上就是旧历年的年俗。

广义地说，从旧历的腊月二十三"过小年"开始，到来年的正月十五元宵节，都属于春节文化的范围。而狭义的春节文化则集中于除夕与正月初一，因为这两天最具"年味"，也最能体现春节文化的特征。我们研究春节文化，也主要是着眼于这一段时间。

作为中国最重大的民俗节日，春节突出的文化特征便是辞旧与迎新。

辞旧意味着要与旧的一年告别，这会令人想起过去一年中的许多事情，尤其是与生计相关的农业收成，即所谓"五谷丰登"。于是，种种以庆祝丰收及感恩天地为主题的文化事象便出现了。有一首叙述自辞灶至除夕间事项的儿歌，即"二十三，要买鞭；二十四，扫房子；二十五，做豆腐；二十六，要割肉；二十七，要宰鸡；二十八，把面发；二十九，要打酒；年三十，贴对子"，便很生动地将人们庆祝丰收的喜悦心情表现出来了。

除夕及初一祭神，则是对大自然（即天地万物）的赐予进行感恩。因为中国人所祭的神多是自然神，换言之，多是与人们生活休戚相关的"神"，如天神、日神、月神、星神、雷神、雨神、风神、土地神、山神、河神、海神，乃至井神、树神、路神等。这些神其实都是人格化了的自然界，而人们之所以能丰衣足食，与自然界的众多因素是分不开的。还有些神如谷神、蚕神、酒神、财神等，更被认为直接为人们提供了物质产品和各种财富，对他们的祭祀也表现了人们的感恩精神。清人富察敦崇的《燕京岁时记》曾说："每届除夕，列长案于中庭，供以百分。百分者，乃诸天神圣之全图也……至灯节而止，谓之天地桌。"这"天地桌"便是对天地诸神的一次总的祭祀与感恩。中华民族是知恩图报的，滴水之恩当涌泉相报。从春节的习俗中，我们也可以看出这一点。

与辞旧相比，迎新的文化意蕴则更为丰富。所谓"新"，不单是指新的一年到了，更主要的是一元复始，万象更新，是"苟日新，日日新，又日新"（《大学》）。具体说，当有以下几方面的含义：

一是新的环境气象。每逢过年，人们总要贴春联、挂门神、贴年画、糊窗花等，甚至连箱柜和粮囤、水瓮上也要贴红彤彤的"酉"（有）字或"福"字，并在牛棚、猪圈的门上贴"槽头兴旺"或"六畜兴旺"的门联儿，将屋里屋外装饰一新。有些农村中，还在山墙和树上贴满了写着"出门见喜"之类吉祥话语的红色纸条。此时人们所关注的并不是某些文化事象（如春联、门神）的原始意义，而只是用它们来构成一种新的气象。还有节日期间的各种娱乐活动，如耍龙灯、跑旱船、踩高跷等，虽说仍有取悦神灵、感恩自然的古老意味，但主要是给春节带来一种新鲜、活泼的情趣。这种焕然一新的内外环境，既让人们意识到新年的到来，也带来了一种欢欣、愉悦的心情。

二是新的精神面貌。过年了，无论大人、小孩都要穿新衣服。"小民虽贫者，亦须洁净衣服"（《东京梦华录》卷六）。即使穷苦人家的女儿，也要在头上扎一根红头绳。这都显示出人们要以新的精神面貌迈进新的一年。过去有句话叫作"有钱没钱，剃头过年"，而理发之后也会令人有一种除旧布新之感。至于除夕之夜，一家人围坐在一起，边饮屠苏酒，边展望着未来，并规划着新一年的生产和工作，则更是对新生活充满了希冀。此时的人们，无论年前得意还是失意，都可以忽略不计，而只想在新的一年里振奋精神，进行新的拼搏，并相信好的运气在等待着自己。

三是新的人际关系。中国人最重人际关系的和谐，而人际关系也是需要常新的。于是，在新年来临之际，人们便通过拜年来重新强化亲情关系与社会关系。潘荣陛《帝京岁时纪胜》云："元旦，士民之家，新衣冠，肃佩带，祀神祀祖，焚楮帛毕，昧爽，阖家团拜。"家庭是社会的细胞。每个家庭都和谐了，整个社会也就和谐了，这就是拜年首先从家庭内开始的原因。又，吴自牧《梦粱录》（卷一）记："正月朔日……士夫皆交相贺，细民男女亦皆鲜衣，往来拜节。"富察敦崇《燕京岁时记》亦记："大年初一……走谒亲友，谓之道新喜。亲者登堂，疏者投刺而已。""刺"即名帖，相当于后世的贺年卡。即使关系疏者，也要通过"投刺"来进一步联络感情。正如文徵明《拜年》诗所云："不求见面惟通谒，名纸朝来满敝庐。我已随人投数纸，世情嫌简不嫌虚。"

为了实现新旧交接，年俗中还安排了一些辞旧迎新的标志性环节，那就是守岁、燃放爆竹和吃饺子。

年夜守岁的习俗自南北朝时就有了，至唐代而盛行。唐太宗就曾与侍臣一起守岁，并有《守岁》诗流传下来。后世流行的"一夜连双岁，五更分二年"的联语，很可能就是导源于唐太宗的守岁诗句"共欢新故岁，迎送一宵中"。守岁既是辞旧，又是迎新。人们通过对这一过程的亲历，既要见证新岁月的开始和新生活的开端，也要体验"天增岁月人增寿"的欣慰之情，即所谓"以兆延年"（《帝京岁时纪胜》）。同时，守岁期间，家长还要给小儿压岁钱。压岁实为"压祟"。早期的压岁钱是"以彩绳穿钱，编作龙形，置于床脚"（《帝京岁时纪胜》），目的是辟邪镇恶，让小儿在新的一年里健康成长。后世的压岁钱则已失去了"压祟"的本义。

爆竹的起源甚早。最早的爆竹是通过燃烧竹子所发出的爆裂声以驱赶野兽和恶鬼（见宗懔《荆楚岁时记》），大约自宋代才有了火药爆竹。南宋时的临安，除夕夜"禁中爆竹嵩呼，闻于街巷""声震如雷"（《梦粱录》卷六）。到了明清，已是家家年夜必放爆竹了。每当子时一到，鞭炮声就会响成一片。爆竹以其强烈的喜庆色彩成为辞旧迎新的象征性符号。"爆竹声中一岁除"，人们仿佛觉得，过去的一切不

郎世宁《岁朝行乐图》（局部）

快都会随着爆竹声响起而化为乌有，而新的希望又从爆竹声中燃起。

饺子取交子之义。1968年在吐鲁番出土的唐代饺子，其形制已与今人所食的饺子无异。饺子又称"角子""扁食"，明代过年已"吃水点心，即扁食也"（《明宫史》）。清初北方过年，更是"阖家吃荤素细馅水饺儿"（《帝京岁时纪胜》）。随着子时的来到和鞭炮声的响起，饺子也被端到了饭桌上。因为是新年的第一顿饭，所以吃饺子时大家都要有笑脸，不能生气和骂人，小孩子更不许妄言。对因故不能回家过年的家庭成员，也要给他们留出一份，并摆上碗筷。吃了饺子之后，新的一年便开始了，所以年夜饺子亦可视为辞旧迎新的一种象征性的文化符号。

在春节的文化蕴涵中，除了辞旧与迎新外，还有一点也不可忽视，那就是团圆。所谓团圆，既要求一家人必须在大年夜里围坐在一起守岁、饮屠苏酒、吃年夜饭，同时要请祖先回家过年。古人认为，去世的祖先仍属家庭的一员。最早的做法是以逝者之孙为"尸"，吃饭时让"尸"居于祖父生前所在的位置，并接受孝子们（"尸"之父辈）的祭奠与敬献。再后来，"尸"演变为灵牌，除夕傍晚将灵牌从坟地请回家并设供，然后合家行祭礼，正月初二后又送回坟墓。当然，祭祖除了团圆的意义外，还有感恩祖先功德，并祈求祖灵在新的一年里保佑全家平安幸福的用意。

总之，春节民俗活动所具有的辞旧迎新及团圆的象征意义，正体现了中华民族天人和谐、人际和谐以及自强不息、厚德载物的民族精神。这也就是春节民俗已延续了数千年，还要一直延续下去的原因。

清明·寒食·上巳

——清明节的由来与演变

　　今天人们所过的清明节，实际是将古代的清明节、寒食节与上巳节融合为一的节日。在中国的民俗节日中，这种"三合一"的现象，大概只有清明节了。

　　最早的清明只是节气，尚未形成节日，而作为节气的"清明"一词，在《逸周书》中即已经出现了。《逸周书·时训解》记："清明之日，萍始生。"最早记载二十四节气全部名称的《淮南子》一书中更是明确提到，春分后十五日，北斗指乙的方位，"则清明风至"（《天文训》）。

　　古人之所以将春分后十五日的这一节气命名为"清明"，盖取此时物生清净洁明之义。正如宋陈元靓《岁时广记》引《三统历》所说："清明者，谓物生清净明洁。"时至清明，已是深春，不但天朗气清，春光明媚，而且草长莺飞，万物皆欣欣向荣。故古人每至此时，于春耕春种、植树造林、点瓜种豆之暇，也常会外出春游，享受大好春光，从而将自身与自然融为一体。据有关文献记载，最早到郊外春游者便是殷人的女祖先简狄及周人的女祖先姜嫄（分别见《史记·殷本纪》和《诗经·大雅·生民》）。此时的清明虽然只是作为时序的标志，尚未成为节日，但已为此后清明节的形成奠定了基础。

最初的清明节是被附丽于寒食节的民俗之中的。冬至后一百零五日为寒食节，恰在清明之前的一两天。寒食节的主要习俗是禁火与冷食，一般认为与春秋时的介子推（又作介之推）有关。当年，介子推跟随晋公子重耳在外流亡，饥寒交迫，艰苦备尝。据说在最困难的时候，介子推曾割下自己大腿的肉烤熟了给重耳吃，才救了重耳一命。但重耳（即后来的晋文公）返国后赏赐诸臣却未能及他。"介之推不言禄，禄亦弗及"（《左传·僖公二十四年》）。随后，介子推乃与母亲隐于绵山（今山西境内）之中。不久，文公惊悟，下令燔山求之，介子推则宁肯抱树烧死亦不愿复出。于是晋文公便将放火烧山之日定为寒食节，并禁民间用火，寒食一天。这便是民间传说的寒食节的由来。

其实，寒食节的禁火、寒食习俗，最早与介子推并不相干。《周礼·秋官》云司烜氏"中春以木铎修火禁于国中"。《论语·阳货》也有"钻燧改火"的记载。古人认为，火种久传，会产生毒气，故每年须改换一次新火，即所谓"钻燧易火"。如《管子·禁藏》记："当春三月……，钻燧易火，杼井易水，所以去兹（滋）毒也。"而在新火到来之前，则须禁火。可以想见，这一习俗实为原始时代"钻木取火"之遗风。再后，原本的禁火习俗中又被加入了演绎后的介子推故事，最后，禁火、改火之制消失了，而寒食节中的介子推故事却流传了下来。虽然中国人的祭墓之风早在战国时期即已盛行（见《孟子·齐人有一妻一妾而处室》章），但由于晋文公曾在寒食日祭介子推，所以后世的寒食扫墓也相沿成俗了。

古代，寒食节与清明节原本是两个不同的节日，只是因为改新火在清明日（苏轼诗有"三月清明改新火"之句，见《徐使君改新火》），而寒食节祭墓又常常下延至清明节，故人们在习惯上便将两节合在一起了。到了唐代，唐玄宗鉴于"寒食上墓，礼经无文"，但"近世相传，浸以成俗"，所以便于开元二十年（公元732年）下诏，"宜许上墓，用拜埽礼"，并将此礼"编入礼典，永为例程"。到了代宗大历十二年（公元777年），朝廷更敕令："自今以后，寒食同清明。"（皆参见《唐会要》卷二三）这样一来，不仅寒食节上墓从礼制上固定了下来，清明、寒食两节也被捆绑在一起了。此后，唐代朝廷放假便将寒食与清明连在一起计算（开始是五天，后增至七天）。

宋元以后，禁火、冷食之俗渐被淡漠，而清明节也从寒食节的附属节日上升到取代寒食节的地位，以致很多人只知有清明而不知有寒食了。此时的清明节，除了保留原先的祭祖扫墓及郊游等活动外，上巳节的踏青、修禊及男女欢会等内容又被融入了节俗之中。

唐代张萱《虢国夫人游春图》（局部）

上巳节也是一个古老的节日。它最早源自先秦的"仲春之月，令会男女"（《周礼·地官·媒氏》），即官方命令未成家的青年男女在仲春之月相会。这一方面体现了原始时代男女恋爱自由的遗风，也有加快人口繁殖方面的考虑。《诗经·郑风·溱洧》曾描写过当时青年男女在河边游观的情景：

溱与洧，方涣涣兮。士与女，方秉蕑兮。女曰："观乎？"士曰："既且。""且往观乎！洧之外，洵订且乐。"维士与女，伊其相谑，赠之以芍药。

在那桃花盛开、春水涣涣的溱河和洧河岸边，一群群青年男女正手执香花芳草，边互相调笑，边沿河游观。其场面之壮观，实不亚于后世青年男女清明郊游。

到了汉代，随着礼教的加强，"会男女"的郊游之俗已由周代的"仲春之月"缩减为三月上旬的第一个巳日，即所谓"上巳节"。其男女欢会的内容，也变为以"祓禊"（水边洗濯以除不祥）为主的习俗了。自魏以后，郊游的日子又被固定在每年的三月三日（见《宋书·礼志》二），其时间与清明节大体一致，而郊游的内容则变为以文人的雅集为主。王羲之的《兰亭集序》所记载的便是东晋穆帝永和九年（公元353年）三月三日山阴兰亭的一次文人雅会。宋元以降，上巳节已逐渐被融入清明节之中，其踏青、郊游、水边休闲乃至青年男女结伴出行等活动，都已成为清明节的重要习俗了。

合言之，清明节从一个节气而变为一个重要的民俗节日，除了在时间上的优势即春暖花开、春光明媚之际外，更与它对寒食节和上巳节的融汇与整合有关。清明节先是保留了寒食节的祭祖扫墓并摒弃了其禁火、冷食的习俗，又吸纳了上巳节的郊游、踏青及有关的游艺活动，从而使祭墓、踏青、游艺（如放风筝、荡秋千等）成为其节俗的三大主题。祭墓是慎终追远，踏青是亲近自然，游艺是放松自我。正因为清明节充分体现了中国传统文化的这些核心精神，所以进入了中国"四大传统节日"之列。至2007年12月，清明节被国务院正式定为法定节假日。

龙子节·卫生节·屈原节
——端午节的由来与演变

端午又称重五、重午、端阳，即夏历五月初五。每逢端午节，人们总会想起屈原。其实，最早的端午节并非是纪念屈原的。

据闻一多先生《端午考》（见《神话与诗》）考证，端午节起源甚早，是史前图腾社会的遗俗，确切地说，即"龙的节日"。远古时期，华夏先民曾分别以"龙"和"凤"为图腾，尔后出现的所谓"龙凤呈祥"的和谐景观，便是华夏一统的象征。而所谓"凤"，实是鸟类的总称；所谓"龙"，则泛指蛇族。在科学尚不发达的古代，以龙为图腾的夏、越等民族，为乞求龙的佑祐，除"断发文身，以像龙子"外，还于每年雨水初盛的仲夏（以后固定在五月五日），划着龙形的木舟，在水面竞渡游戏，以取悦于图腾之神，同时把各种食物装在竹筒里投入水中，以备图腾之神享用。这便形成了古代的所谓"龙子节"，亦即中国历史上最早的端午节。

作为端午节主要象征的龙舟，也很早就见于文献记载了。《穆天子传》云："天子乘鸟舟、龙舟，浮于大沼。"这是见诸文字的最早的"龙舟"。《楚辞·九歌·湘君》云："驾飞龙兮北征""飞龙兮翩翩"，其所谓"飞龙"亦即"龙舟"。河南汲县（现为卫辉市）山彪镇战国墓葬中出土的铜鉴，以及四川成都出土的战国时期的"嵌错赏功宴乐铜壶"上，都有竞龙舟的图案。至于浙江余姚的河姆渡遗址所出土的独木舟残骸和木制船桨，虽不能断定其形制必为"龙舟"，但至少可以说明，七千年前，长江下游就已有舟楫了。凡此，当皆与纪念屈原无关。

此后，随着社会的进步，科学的发展，人们的图腾意识也日渐淡漠。炎、黄的子孙们为了健康地生存，已不再向图腾之神祈祷，转而向危害人们生命的瘟疫和疾病做斗争了。于是，端午节作为一个传统的节日，又被注入了新的内容，即由"龙子节"而变为"卫生节"。

这样的转变当然也是有其客观原因的。我们知道，夏历的五月初五正处在小满之后、夏至之前，是一年中阳气最盛，同时也是疾病最容易流行的日子。故早在战国时期，五月即被忌称为"恶月"，五月五日更被视为"恶日"。此后直至明、清时期，民间仍保持着五月五日"不迁居""不糊窗槅""不汲泉水"（见潘荣陛《帝京岁时纪胜》）、"不曝床荐席"（见宗懔《荆楚岁时记》）的习俗。而且，连这一天出生的孩子也不能让他存活。例如，战国时齐国的宰相孟尝君田文就是由于出生在五月五日而差点被父亲扔掉的。南朝刘宋时的王镇恶将军也是五月五日出生，所以其祖父才为其取名"镇恶"的。据说这一天出生的孩子会妨害父母，用东汉初年的进步思想家王充的话来说便是："五月盛阳，子以生，精炽热烈，厌胜父母。父母不堪，将受其患。"（《论衡·四讳篇》）于是，为了除恶抗病，我们的祖先便在这一天开展起许多驱瘟防疫的活动来。如悬蒲剑（菖蒲叶形似剑）于门以驱邪恶，插香艾于户以禳毒气，佩香囊于身以辟污秽，洒雄黄酒于床下、墙角以杀毒虫。而菖蒲、香艾、雄黄酒的杀菌、消毒功能都已为现代医学所证明。原先的端午旧俗也被加以改造，除去龙舟竞渡的形式被赋予勇往直前、力争上游的含义而继续保留外，"断发文身"简化为"彩丝系臂"并赋予避瘟病之义，以竹筒贮米祭龙则进化为包裹"角黍"（即粽子）以供自食。而粽子作为夏日的应令食品，既具美味，又是良药。据李时珍《本草纲目》称，糯米有"补中、益气、止泻"之功能，用糯米做成的粽子，"气味甘、温、无毒，五月五日取粽尖和截疟药良"。可见，端午节已被完全地改造为"卫生节"了。

《赛龙舟图》

端午含义的又一次历史性演变是在春秋之后。它的特点是：由对人体疾病的防御而转向对人性弱点的批判；由对自然界不良环境的改造而转向对社会邪恶势力的斗争。而这种崇高的民族气质即端午精神，又是先后被附丽于介子推、伍员、屈原三位古人并最终固定在屈原身上的。

端午节纪念介子推，其说最早见于东汉蔡邕的《操琴》："介子绥（即介子推）……抱木而死，文公令民五月五日不得举火。"记载十六国时期风物的《石虎邺中记》也说："并州俗以介子推五月五日烧死，世人为其忌，故不举饷食。"介子推为春秋时晋国人，曾跟随晋文公重耳在外流亡十九年，并在危难之时"割其腓股以啖重耳"。然文公回国后赏赐诸臣却未能及他，于是，他便携母隐于绵山之中。后文公惊悟，下令燔山求之，介子推则宁肯抱树烧死亦不愿复出。据《左传》记载，介子推的归隐是在鲁僖公二十四年（公元前636年），他的死大约也在此后数年。由于介子推这种有功而不求报的美德很为后人所敬重，因此，作为历史人物，他便第一个被纳入了端午节的纪念活动之中。然端午节对于介子推的纪念，其俗仅限于山西一带，终未能及于全国。

　　大约又过了一百五十年，即公元前484年，伍子胥（名员）被迫害而死。伍子胥原为春秋时楚国人，因父兄为楚平王所杀，遂奔吴，并帮助吴王阖闾夺取了政权。不久他率兵伐楚，掘平王之墓且鞭其尸，报了父兄之仇。后吴王夫差即位，因信谗言而令子胥自尽，并将其尸体装进皮口袋投入钱塘江中。据《吴越春秋》《越绝书》记载，民间传说伍子胥死后化为"涛神"，"随流扬波，依潮来往，荡激崩岸"。又据邯郸淳《曹娥碑》载，伍子胥的死期亦在五月五日。于是吴、越一带便于每年的五月五日举行迎"涛神"的仪式以纪念伍子胥。东汉上虞人曹娥的父亲曹盱，就是五月五日溯流迎涛神时溺死的。

　　照学术界的一般说法，屈原投江是在公元前278年的五月五日，其时距伍员的死又二百余年了。而后人对于屈原的纪念活动也远比介子推和伍员为迟。从现存的资料看，最早将端午风俗与屈原之死联系起来的是六朝人吴均的《续齐谐记》和宗懔的《荆楚岁时记》。《续齐谐记》云："屈原五月五日投汨罗河而死，楚人哀之，每至此日，辄以竹筒贮米投水祭之。"《荆楚岁时记》亦云："五月五日竞渡，俗为屈原投汨罗日，伤其死所，并命舟楫以拯之。"然而，无论隐居不仕的介子推也好，引异国之军以归报父兄之仇的伍子胥也好，他们都不能同疾恶如仇、立志改革、热爱祖国并终生为华夏一统而努力奋斗的屈原相比，所以，此后的端午节便为屈原所独占，并逐渐普及全国了。

　　由龙子节而卫生节而贤人节，这便是端午含义的三次最主要的演变。由这一节日最后被附丽于屈原可以看出，在人民群众心目中，屈原不但是端午精神的最恰切的体现者，而且已成为"龙的传人"中最杰出的代表了。在这个意义上也可以说，端午习俗既是屈原精神的再现，又是"龙的传人"们最可宝贵的民族气节的象征。

　　明、清以后，端午的含义又有过两次小的演变，即"女儿节"和"诗人节"，也都是由纪念屈原而衍变出来的。

明人刘侗、于奕正《帝京景物略》云："五月一日至五日，家家妍饰小闺女，簪以榴花，日女儿节。"清人潘荣陛《帝京岁时纪胜》亦云："（端午日）饰小女儿尽态极妍，已嫁之女亦各归宁，呼是日为女儿节。"为何将端午节与"女儿"联系到一起呢？据湖湘民间传说，屈原有小女日女嬃（《楚辞》王逸注以为是屈原之姊），甚孝。屈原死后，女嬃为防上官大夫等人掘墓，连夜用衣襟兜土，筑成十二座疑冢，墓碑上皆书"楚三闾大夫屈原之墓"。后人为了纪念女嬃，除在汨罗江边的玉笥山上建起一座女嬃庙并塑有女嬃兜土的形象外，还于每年的五月五日精心打扮自己的女儿，以寄托对这位孝女的哀思。而闺中女子亦往往于此日骋其女红（如绣制艾虎、香囊之类），竞相妍饰，久之，遂成节日。此可为一说。但女嬃是否为屈原之女，于史无证。

至于以端午节为诗人节，那是20世纪30年代以后的事。抗日战争时期，以郭沫若为首的一批爱国诗人，有感于国家、民族的灾难，遂立志以屈原为榜样，投身救亡事业。郭老除写出了著名的历史剧《屈原》之外，还于每年的端午节邀集诗人们聚会，并发表演说，号召那些"敢于改端午节为诗人节的诗人们，多多努力"（《蒲剑·龙舟·鲤帜》）。1938年，诗人方殷在中华全国文艺界抗敌协会的一次座谈会上正式提出以端午节为诗人节，并得到了广大文艺工作者的赞同。1941年端午节，第一届诗人节庆祝大会在重庆隆重召开。此后，在抗战时期的重庆，不少文人都在这一天赋诗言志。

20世纪50年代后，"诗人节"的活动曾一度式微，但近年来，各地则又有复兴的趋势，赛诗会的活动也时见报道。每当端午之日，在赛龙舟、食角黍的同时，各种形式的"诗会"似乎又渐不可少了。我们且看端午节还会有怎样的演变。

月儿圆圆话中秋

中秋即三秋（孟秋、仲秋、季秋）之中，时在农历八月十五日，是一年中月亮最圆、最美的日子。而中秋节的一切文化事项便都是围绕着圆月进行的。具体说，共经历了祭月、赏月以及由赏月而引发的亲朋团圆等几个阶段。

中国人的祭月早在先秦时代就开始了。这是基于古人对月亮的崇拜而产生的。月亮是"七曜"之一，在天空中是亮度仅次于太阳的天体。月亮又称太阴，与太阳共同形成了中国人最原始的阴阳观念，而中国古人认为，万物皆是由阴阳和谐而生成的。兼以月亮的某些自然属性如夜间照明以及对历法体系构建、农事活动、潮汐运动乃至女性生理周期的重要影响，更使月亮与人类的生产、生活产生了密切关系。所以，古人早就有了对月亮的祭礼。

周人已有朝日夕月的祭礼，即黎明时分东向拜日，夜晚时分西向拜月。其祭祀方式，据《礼记·祭义》记载是"祭日于东，祭月于西""祭日于坛，祭月于坎"。秦代，秦始皇东游，祠"八神"，其"六日月主，祠之莱山"（《史记·封

251

禅书》），即今山东莱州一带。汉代，仍是"朝朝日，夕夕月"（《史记·封禅书》），开始是在郊外祭日月，随后便只在宫殿的庭院中行礼。此后，自魏晋隋唐以至明清，历代都有祭月的礼仪。今北京的月坛遗址便是明清祭月的场所。

不过值得注意的是，古代祭月的时间并不在中秋，而是在秋分日。如魏晋南北朝时便明确规定，春分东郊朝日，秋分西郊夕月。汉魏以前，祭月与祭日一样，只是皇家之事，而民间是不允许的。唐宋以后有了民祭，但祭祀已失去了其神圣的性质，而变为家庭祭祀，并多具功利性的祈求目的。到了明清，月亮便成为女性的崇拜对象，很多女子焚香拜月，各有所期，从而形成了"男不拜月，女不祭灶"的习俗。

从唐代开始，中国人由祭月为主又改为以赏月为主了。

南宋马远《月下把杯图》局部

首先是破除了对月亮的宗教性崇拜，而只是把它当作一件艺术品来欣赏。中秋之夜，一轮明月高悬，清辉洒向大地，其诗意的境界让人们感到无比的享受，以至小儿辈竟将月亮误作"白玉盘"或"瑶台镜"了。如李白《古朗月行》云："小时不识月，呼作白玉盘。又疑瑶台镜，飞在青云端。"此时，皎洁可爱的月亮已褪去了她神秘的外衣，转而成为人们喜爱的对象。"举杯邀明月，对影成三人"（李白《月下独酌》），月亮不但可亲可感，甚至成了诗人亲密的酒友。

其次，关于月亮的故事也在不断丰富。继"嫦娥奔月"的神话之后，唐代又增添了"吴刚伐桂"的故事（见《酉阳杂俎·天咫》）。据说吴刚学仙有过，被谪令到月宫伐桂。这样一来，月亮上也便热闹起来了，既有居于广寒宫的嫦娥，又有捣药的玉兔（晋傅玄《拟天问》："月中何有？白兔捣药。"），还有成天在月宫伐桂的吴刚，月宫倒成了富有生气的仙境。这些故事都成了人们赏月时的话题。

再次，月亮还被寄予了人类的各种情思。如"露从今夜白，月是故乡明"（杜甫《月夜忆舍弟》），所寄托的是乡情；"人生代代无穷已，江月年年望相似"（张若虚《春江花月夜》），所寄托的是对人生短暂的感叹；"但愿人长久，千里共婵娟"（苏轼《水调歌头》），所寄托的是亲情；"我寄愁心与明月，随君直到夜郎西"（李白《闻王昌龄左迁龙标，遥有此寄》），所寄托的是友情；"海上生明月，天涯共此时"（张九龄《望月怀远》），所寄托的是爱情等等。在众多的情感之中，亲人的团圆逐渐成为最重要的主题。这是因为月亮的圆满启示了人们对家庭圆满的追求与希望所致。也正是由于这一圆满主题的确立，促成了此后中秋节的形成。

中国的中秋节发端于唐，正式形成于宋，至明清而极盛，并上升为仅次于春节的民俗大节。

宋代，中秋节俗的中心是赏月，而其文化蕴涵则是人的团圆，故中秋节又被称为"团圆节"。自宋以迄明清，中秋节大都放假一天。这一天，所有人都要赶回家去与亲人团聚，连已出嫁的女儿也要回家探望父母，随后再回婆家与夫婿团圆。与月圆、人圆相联系，中秋节还出现了一系列与"圆"相关联的文化事象，如玩月饮宴、月下狂欢、通宵游乐、请"兔儿爷"以及食用圆形的月饼及水果等。

据孟元老《东京梦华录》（卷八）所记，北宋时期的汴京，"中秋夜，贵家结饰台榭，民间争占酒楼玩月""闾里儿童连宵嬉戏，夜市骈阗，至于通晓"。吴自牧《梦粱录》亦记南宋都城临安，每至中秋，"王孙公子，富家巨室，莫不登危楼，临轩玩月""以卜竟夕之欢"。"至如铺席之家，亦登小小月台，安排家宴，团栾子女，以酬佳节。"此夜，临安街市买卖直至五鼓，"玩月游人，婆娑于市，至晓不绝"。明代，中秋之夜也是通宵娱乐。据张岱《陶庵梦忆》记，明崇祯七年（公元1634年）闰中秋，"于山亭演剧十余出""拥观者千人""四鼓方散"。明清以迄近代，"走月""跳月"等月下活动也盛行起来。"走月"即月下出游，或访亲，或赴娱乐场所，出游者多为妇女，且常结伴而游。"跳月"则多在南方少数民族地区举行，青年男女在中秋之夜对歌联欢，翩翩起舞。"走月""跳月"都可视为古代上巳节的一种遗风。

请"兔儿爷"是北京地区特有的一种中秋习俗。所谓"兔儿爷"，即用泥土制成，并饰以颜色的一种彩兔，传为嫦娥派玉兔回人间送药。此俗始于明朝，至清代已遍及北京地区。清初潘荣陛《帝京岁时纪胜》一书记："京师以黄沙土做白玉兔，饰以五彩妆颜，千奇百状，集聚天街月下，市而易之。"清末富察敦崇的《燕京岁时记》亦记："每届中秋，市人之巧者用黄土抟成蟾兔之像以出售，谓之兔儿爷。""兔儿爷"之请，令中秋节俗更加富有生活情趣。

月饼的形制，宋代就已经有了。苏轼《留别廉守》一诗中所咏的"小饼如嚼月，中有酥与饴"，虽然名称不一定叫月饼，也未规定必须在中秋节食用，但其形制及加工方法已与后世的月饼差不多了。以月饼供月并作为中秋节的特色食品，其俗约始于明初。《帝京岁时纪胜》云："十五日祭月，香灯品供之外，则团圆月饼也。"刘若愚《明宫史》亦云，"至十五日，家家供月饼瓜果，侯月上焚香后，即大肆饮啖"，"曰团圆饼也"。因此，月饼又被称为"团圆饼"。而分食月饼，则家人必遍。至于中秋节互赠月饼，更寓有互相祝福团圆美满之意。

除月饼外，中秋节所食的水果也大都是圆形的，如西瓜、葡萄等。正如《燕京岁时记》所说："八月十五日祭月，其祭果饼必圆，分瓜必牙错瓣刻之，如莲花。"

　　总之，中秋节的一切民俗活动都是围绕着圆圆的月亮进行的。从祭月、赏月到月下团圆欢聚，越来越贴近人们的生活，也越来越凸现出中华民族追求和谐与美满的民族精神。